T0157117

Printed in the United States
By Bookmasters

الاختبارات
اللغوية

الدكتور محمد علي الخولي

الناشر: دار الفلاح للنشر والتوزيع
ص.ب ٨١٨
صويلح: ١١٩١٠
الأردن
هاتف وفاكس ٥٤١١٥٤٧-٦٢٦-٠٠٩٦٢

حقوق الطباعة والنشر ٢٠٠٠: دار الفلاح للنشر والتوزيع
جميع الحقوق محفوظة للناشر.
لا يجوز تصوير أي جزء من هذا الكتاب أو ترجمته أو تخزينه إلا بإذن خطي من الناشر.

الطبعة الأولى ٢٠٠٠

الناشر: دار الفلاح للنشر والتوزيع
ص.ب ٨١٨
صويلح ١١٩١٠
الأردن
هاتف وفاكس ٥٤١١٥٤٧-٠٠٩٦٢٦

رقم الإيداع لدى دائرة المكتبة
الوطنية (٢٠٠٠/٢/٣٨٣)

رقم التصنيف: ٣٧١.٢٦
المؤلف: محمد علي الخولي
عنوان الكتاب: **الاختبارات اللغوية**
الموضوع الرئيسي: الاختبارات التعليمية
بيانات النشر: صويلح، دار الفلاح للنشر والتوزيع
* تم إعداد بيانات الفهرسة والتصنيف الأولية من قبل دائرة المكتبة الوطنية

رقم الإجازة المتسلسل لدى دائرة المطبوعات والنشر ٢٠٠٠/٢/١٩٦

بسم الله الرحمن الرحيم

المحتويات

بسم الله الرحمن الرحيم

مقدمة

الاختبارات (الامتحانات) جزء أساسي من عمل المعلم ومن حياة الطالب، إذ لا توجد حتى الآن مدرسة أو كليـة أو جامعة دون اختبارات ولا توجد طريقة بديلة للاختبارات لتقييم الطلاب تقييماً موضوعياً شاملاً.

واللغة، سواء أكانت عربية أم أجنبية مـما يدرسـه طلابنـا في المـدارس والجامعـات، موضـوع أسـاسي في الجـدول الدراسي للطالب في جميع المراحل التعليمية، الابتدائية والمتوسطة والثانوية والجامعية.

من هنا جاءت أهمية هذا الكتاب: كتاب يستعرض الطرق المختلفة لقياس المهارات اللغوية الأساسية (الاستماع والكلام والقراءة والكتابة) وقياس المهارات اللغوية الفرعية المنبثقة من المهارات الأسـاسية. هـذا الكتاب يرشـد المعلم إلى كيفية إعداد الأنواع المختلفة لاختبار المهارات اللغوية المختلفة.

الفصل الأول يعرِّف بالاختبارات. والفصل الثاني يرشد المعلم إلى صفات الاختبار الجيـد. والفصل الثالـث يبـين أنواع الاختبارات الموضوعية والاختبارات المقالية. والفصل الرابع يشرـح قيـاس المفـردات. والخـامس عـن قيـاس القواعد. والسادس عن قياس الاستماع. والسابع عن قياس الكلام.

والفصل الثامن عن قياس القراءة. والتاسع عن قياس الكتابة. والعاشر عن قياس الترجمة. والحادي عشر عن قياس الأدب.

وفي معظم الحالات، هناك مثال فعلي عن كل نوع من أنواع الاختبارات المذكورة. وفي نهاية كل فصل، تظهر خلاصة وتظهر مجموعة من الأسئلة والتمارين.

وفي نهاية الكتاب كشف بمراجع إضافية يمكن للقارئ أن يرجع إليها ليستزيد إذا شاء. وهناك كشاف للموضوعات يرشد القارئ إلى موقع الموضوع في هذا الكتاب.

أعتقد أن هذا الكتاب سيكون مرشداً لمعلّم اللغة يعينه على تصميم اختبارات اللغة لتكون صادقة ثابتة شاملة متنوعة.

والحمد لله رب العالمين.

المؤلف

الدكتور محمد علي الخولي

الفصل الأول

تعريف بالاختبارات

هناك أطراف عديدة في حاجة أكيدة للاختبارات. الطالب يحتاج الاختبارات ليقيِّم نفسه وليعرف مدى إتقانه ومدى تقدمه وأين يقع بالنسبة لزملائه. المعلم أيضاً يحتاج الاختبارات ليعرف مدى نجاحه هو في التدريس، كم من تعليمه صار تعلماً، كم من جهده أثمر، أين نجح، وأين لم ينجح.

الآباء في حاجة للاختبارات ليعرفوا أين يقع أبناؤهم: هل هم من الفالحين أم من الفاشلين؟ هل يحتاجون مزيداً من العناية؟ هل مستواهم يبشِّر بالخير أم ينبئ بالمشكلات القادمة؟ المؤسسة التعليمية (المدرسة أو الكلية أو الجامعة) أيضاً تحتاج الاختبارات لضبط مستوى الخرِّيج، لمعرفة من يستحق التخرج، للترفيع من مستوى إلى آخر، للتحكم في جودة عملية التعلم. المجتمع يحتاج الاختبارات ليعرف كيف ينتقي الأفضل من بين الخريجين لأغراض التوظيف والابتعاث. وهكذا،

فإن كلاً من الطالب والمعلم والآباء والمدرسة والمجتمع في حاجة ماسة إلى الاختبارات.

أهداف الاختبارات:

تهدف الاختبارات عامة إلى عدة أهداف منها:

1. قياس التحصيل. قد يهدف الاختبار إلى قياس تحصيل الطالب أو مدى إتقانه لمهارة ما. مثال ذلك الاختبار الذي يجريه المعلم لطلابه في أثناء السنة الدراسية أو في نهايتها.

2. التقييم الذاتي. قد يهدف الاختبار إلى مساعدة المعلم على تقييم عمله ليعرف مدى نجاحه في مهنته التدريسية. وقد يهدف الاختبار إلى مساعدة الطالب في تقييم ذاته ومدى تقدمه عبر أشهر السنة الدراسية أو عبر السنوات الدراسية المتتابعة.

3. التجريب. أحياناً يستخدم الاختبار لأغراض التجريب التربوي. إذا أردنا المقارنة بين طريقتي تدريس لنعرف أياً منهما هي الأكفأ، نجرب كل طريقة على مجموعة من الطلاب ونستعين بالاختبارات قبل التدريس وبعده لنقيس مدى تقدم كل مجموعة، ثم نتوصل إلى الاستنتاج المتعلق بأفضلية الطريقة بناء على تفاضل التقدم.

4. الترفيع. كثيراً ما تستخدم الاختبارات في عملية ترفيع الطلاب من سنة دراسية إلى أخرى سواء أكان ذلك في المدارس أم في الجامعات التي تتبع نظام السنوات.

5. إعلام الوالدين. الوالد الذي يدفع تكاليف دراسة ابنه يريد أن يعرف المستوى الدراسي لابنه. ولا سبيل إلى هذا إلاّ عن طريق الاختبارات.

6. التشخيص. قد يستخدم الاختبار، بعد التحليل النبدي، في مساعدة المعلم على معرفة نقاط الضعف ونقاط القوة لدى طلابه في مادة ما. مثلاً، يجري المعلم اختباراً في القواعد، ثم يحلل كل بند فيه: كم طالباً أصاب وكم طالباً أخطأ في كل بند؟ هذا التحليل يساعد المعلم في عملية التدريس، إذ يركز المعلم على نقاط الضعف.

7. التجميع. بعض المدارس أو البرامج التعليمية تفضل استخدام التجميع المتجانس، أي وضع الطلاب الضعاف في صفوف خاصة والطلاب المفوقين في صفوف خاصة أخرى. والبعض يفضل التجميع المتنوع، أي مزج الصفوف ذاتها بحيث يلتحق بالصف الواحد طلاب من مستويات تحصيلية مختلفة. وفي الحالتين، أي التجميع المتجانس والتجميع المتنوع، لابد من إجراء الاختبارات المناسبة ومن ثم يتم انتقاء الطلاب وتوزيعهم على أساس درجاتهم فيها.

8. الحافز. كثير من الطلاب لا يدرسون دون اختبارات. هنا يكون هدف الاختبار، من بين عدة أهداف أخرى، توفير الحافز للطالب لكي يدرس.

9. التنبؤ للإرشاد. بعض الطلاب في حاجة إلى مشورة وإرشاد في بعض المواقف. مثلاً، هل يستطيع طالب ما أن يلتحق بجامعة لغة التدريس فيها هي اللغة الإنجليزية؟ هل مستواه اللغوي يسمح له بذلك أم لا؟ الاختبار وحده هو المعين للإرشاد الصائب هنا.

10. القبول. بعض الجامعات تشترط القبول على أساس التنافس أو على أساس توفير حد أدنى من القدرة في مجال ما. في كلتا الحالتين، الاختبار وحده هو الذي يفرز القادرين من غير القادرين والمقبولين من غيرهم.

11. التصنيف. برنامج لغوي فيه عشرة مستويات لغوية. أراد طالب أن يلتحق بالبرنامج. في أي مستوى نضعه؟ الاختبار وحده هو القادر على تحديد مستوى الطالب من أجل التصنيف.

لابد من ملاحظة أن الاختبار الواحد قد يستخدم لعدة أهداف مجتمعة. فقد يكون الاختبار لقياس التحصيل أساساً، ولكنه من الممكن أن يستخدم لأغراض التقييم الذاتي إذ به يستطيع المعلم والطالب أن يقيما نفسيهما. وقد يستخدم الاختبار ذاته للتشخيص بعد تحليل بنوده حسب إجابات الطلاب ليعرف المعلم نقاط القوة ونقاط الضعف لدى طلابه. وقد يستخدم الاختبار ذاته أيضاً كحافز يدفع الطلاب إلى مزيد من الجهد الدراسي.

أنواع الاختبارات:

الاختبارات، اللغوية أو غير اللغوية، عدة أنواع منها:

1. **اختبار موضوعي.** وهو اختبار إجابته محددة لا يختلف عليها المصححون. مثلاً، ضع خطاً تحت الفعل في الجمل التالية. مثال آخر: أعرب ما تحته خط. مثال ثالث: ما مرادف كل كلمة مما يلي؟ الجواب محدد جداً ولا خلاف على درجة الطالب حتى إذا تعدد المصححون.

2. **اختبار ذاتي.** وهو اختبار إجابته تختلف من طالب إلى آخر بالضرورة، أي بحكم طبيعة السؤال. مثال ذلك: اشرح الجانب الجمالي في هذه القصيدة. مثال آخر: اكتب فقرة تبين فيها تأثير الصلاة على النفس البشرية. كل طالب هنا سيكتب جواباً مختلفاً خاصاً به. كما أن الدرجة قد تختلف من مصحح إلى آخر: لو قرأ الإجابة ذاتها مصححان مختلفان لأعطى كل منهما درجة مختلفة. اختبارات الإنشاء والأدب معظمها ذاتية، واختبارات القواعد والإملاء معظمها موضوعية.

3. **اختبار إنتاجي.** هنا يطالب الاختبار الطالب أن يأتي بالجواب من عنده. مثال: أعط مرادف كل كلمة مما يلي. مثال آخر: أعط ضد كل كلمة مما يلي. مثال ثالث: اكتب مقالاً عن موضوع كذا.

4. **اختبار تعرفي.** هنا يختار الطالب الإجابة من بين عدة إجابات مذكورة أمامه في ورقة الاختبار. مثال: ضع خطاً تحت الإجابة الصحيحة.

5. **اختبار التحصيل.** هنا يعطى الطالب وقتاً كافياً للإجابة. مثال ذلك اختبارات الصف الشهرية أو الفصلية أو السنوية.

6. **اختبار السرعة.** هنا يكون الوقت المتاح للاختبار أقل من الوقت اللازم. مثال ذلك فهم المقروء تحت ضغط الوقت.

7. **اختبار تكويني.** الاختبار هنا يكون في أثناء البرنامج الدراسي. مثال ذلك الاختبار الشهري أو نصف الفصلي.

8. **اختبار ختامي.** هنا يكون الاختبار في نهاية البرنامج الدراسي. مثال ذلك الاختبار الفصلي في نهاية الفصل الدراسي في نظام الفصول الدراسية. مثال آخر الاختبار السنوي في نهاية العام الدراسي في نظام العام الدراسي الكامل.

9. **اختبار مدرسي.** هو اختبار يجريه المعلم لصفه فقط، أي للشعبة التي يُدَرِّسُهَا. مثال ذلك اختبار في القواعد من الكتاب المقرر من صفحة كذا إلى صفحة كذا.

10. **اختبار عام.** هو اختبار تجريه وزارة التربية لجميع الطلاب في مستوى دراسي ما في جميع أنحاء البلاد. مثال ذلك امتحان الشهادة الثانوية العامة (أي امتحان التوجيهي).

11. **اختبار مُقَنَّن أو مُعَيَّر.** هو اختبار اكتسب شهرة واسعة عبر الإجراء المتكرر وأصبح ذا سُلَّمٍ له دلالات بعد أن تعرَّض للتعديل والتجريب والتحليل. مثال ذلك امتحان اللغة الإنجليزية كلغة أجنبية. من أراد أن يدخل جامعة أمريكية لدراسة البكالوريوس فعليه أن يحصل على علامة

كذا في ذلك الامتحان. ومن أراد دخولها لدراسة الماجستير فعليه أن يحصل على علامة كذا. قليل من الاختبارات هي مقننة.

12. **اختبار غير مقنن.** هو اختبار لم يتعرض للتجريب والتحليل والتعديل وليس له سلم استدلالي.

13. **اختبار كتابي كتابي.** هو اختبار أسئلته تقدم مكتوبة للطالب وعلى الطالب أن يقدم الإجابات مكتوبة أيضاً. وهذا حال معظم الاختبارات.

14. **اختبار كتابي شفهي.** هنا الأسئلة مكتوبة والإجابات شفهية. مثال ذلك الاختبار الذي يهدف إلى قياس المقدرة الكلامية لدى الطالب.

15. **اختبار شفهي شفهي.** هو اختبار أسئلته وأجوبته شفهية. مثال ذلك المقابلات التي تهدف إلى قياس قدرة الطالب التحادثية الاستماعية.

16. **اختبار شفهي كتابي.** هنا الاختبار يعطي الأسئلة شفهياً ولكن الإجابة كتابية. مثال ذلك اختبار يريد قياس القدرة على التمييز السمعي.

17. **اختبار مُعْلَن.** هنا يحدد مكان الاختبار وزمانه ومادته (أي صفحات الكتاب المشمولة في الاختبار). وتحدد أيضاً الأدوات اللازمة له من مثل المعاجم.

18. **اختبار فجائي.** هنا يأتي الاختبار بغتة دون إعلان مسبق.

والهدف هنا إبقاء الطلاب على أهبة الاستعداد دائماً وتعويدهم على الدراسة اليومية دون انتظار الاختبار المعلن. ويكون الاختبار الفجائي قصير الوقت، قليل البنود، قليل الوزن مقارنة بالاختبار المعلن.

19. **اختبار صفي.** هذا الاختبار يجري في غرفة الصف. وهذا هو حال معظم الاختبارات.

20. **اختبار بيتي.** هذا الاختبار يجري في البيت. مثال ذلك اكتب بحثاً حول موضوع كذا. هنا يكتب الطالب بحثه عبر أشهر طويلة مستعيناً بالمكتبة والأساتذة. ومن أمثلة ذلك بحث رسالة الماجستير وبحث رسالة الدكتوراة والبحوث الفصلية المرافقة للمواد الدراسية.

21. **اختبار الكتاب المغلق.** هنا لا يسمح للطالب بأن يستعين بأي كتب في أثناء أداء الاختبار، وهذا هو شأن معظم الاختبارات. والطالب المخالف هنا يعتبر غاشاً تقع عليه عقوبات تأديبية.

22. **اختبار الكتاب المفتوح.** هنا يسمح للطالب أن يستعين بكتاب محدد أو بأية كتب أو مراجع حسب تعليمات الاختبار.

وبالطبع، هذه الأنواع لا يستثني بعضها بالضرورة. فقد يكون الاختبار موضوعياً إنتاجياً تحصيلياً تكوينياً مدرسياً غير مقنن معلناً صفياً. والأنواع السابقة يمكن تجميعها في مجموعات. فالاختبار نوعان من حيث الموضوعية: موضوعي وذاتي. وهو نوعان من حيث التوقيت: تكويني

وختامي. وهو نوعان من حيث المدى: مدرسي وعام. وهو نوعان من حيث التقنين: مقنن وغير مقنن. وهو أربعة أنواع من حيث الوسيلة: كتابي كتابي، كتابي شفهي، شفهي شفهي، وشفهي كتابي. وهو نوعان من حيث المكان: صفي وبيتي. وهو نوعان من حيث الكتاب: بكتاب مفتوح أو بكتاب مغلق.

من يقرر النوع المناسب من هذه الأنواع؟ المعلم في العادة هو صاحب القرار، إذ هو الـذي يحدد زمان وشكل ومكان وهدف ونوع الاختبار حسب المتغيرات وحسب أهداف المادة التي يدرسها. وهنا تأتي ميزة خبرة المعلم وتدريبه. فالمعلم ذو الخبرة والدراية يختار النوع المناسب من الاختبارات للصف المناسب للمادة المناسبة في الوقت المناسب.

ماذا نقيس؟

الاختبار أحد وسائل القياس. هناك وسائل أخرى نقيس بها قدرات الطلاب، مثل المراقبة والمقابلة. ولكن الاختبار هو أشيع وأشمل وسائل القياس في المدارس والجامعات. الاختبار وسيلة شائعة فعالة مضمونة اقتصادية في الوقت، إذ تستطيع أن نختبر مئات الطلاب بل الآلاف في وقت واحد بمقياس واحد.

الاختبارات أنواع عديدة من حيث مضمونها، أي من حيث المادة التي تقيسها. في هذا الكتاب نتحدث فقد عن الاختبارات

اللغوية، أي استخدام الاختبارات لقياس القدرات اللغوية.

في مجال الاختبارات اللغوية، ماذا نقيس؟ ما هي المهارات اللغوية الأساسية التي ينبغي أن نقيسها؟ وما هي المهارات الفرعية القابلة للقياس؟ يمكن أن نقيس عشرات المهارات الأساسية والفرعية.

هناك أربع مهارات لغوية أساسية قابلة للقياس هي:

1. مهارة الاستماع. هل يسمع الطالب جيداً؟ هل يميز بين الأصوات؟ هل يميز النبرات المختلفة؟ هل يميز التنغيمات المختلفة؟ هل يميز نغمة السؤال عن نغمة الإخبار؟ هل يميز /س/عن/ص/ عن/ز/ عن/ث/؟ هل يفهم ما يسمع؟

2. مهارة الكلام. هل يتكلم الطالب بطلاقة؟ بوضوح؟ هل يتلعثم؟ هل ينطق الأصوات نطقاً صحيحاً؟ هل ينطق /ث/كأنها/س/؟ هل ينطق /ق، ص ، ض، ظ، ط/نطقاً صحيحاً؟ هل يستخدم المفردات المناسبة في كلامه؟

3. مهارة القراءة. هل يفهم ما يقرأ؟ هل سرعة القراءة مقبولة؟ هل يفرز الأفكار الرئيسية عن غيرها؟ هل يفهم المفردات المقروءة؟ هل يميز الحروف بعضها من بعض؟ هل يحسن القراءة الجهرية؟ هل يحسن القراءة الصامتة؟.

4. مهارة الكتابة. هل يكتب الحروف كتابة صحيحة؟ هـل خطه مقـروء واضـح؟ هـل يكتـب كلمات صحيحة؟ هل يكتب جملاً صحيحة؟ هل كتابته مفهومـة؟ هل يكتب فقـرة سـليمة؟ هل فقرته وحيدة الفكرة؟ هل يربط جمل الفقرة بعضها ببعض؟ هـل يعـرف كيـف يكتب مخططاً للفقرة؟ هل الترقيم سليم؟ هل النحو سليم؟ هل الإملاء سليم؟

هذه هي المهارات اللغوية الأساسية الأربع: استماع، كلام، قراءة، وكتابة. كلهـا قابلـة للقياس والاختبار. وكل مهارة منها تتكون من عدة مهارات فرعية تتدرج من السهل إلى الصعب ومن البسيط إلى المركب. يمكن أن نقيس المهارة الكلية، ويمكـن أن نقيس جزءاً مـن المهـارة، أي إحدى المهارات الفرعية. مثلاً، الكتابة مهارة كلية، ولكن الترقيم مهارة فرعية ضـمن مهارة الكتابة. مثال آخر: الكلام مهارة كلية، ولكن بوضـوح نطـق / ث، ت، س، ص / مهارة فرعية. مثال ثالث: القراءة الصامتة مهارة كلية، ولكن فرز المفاهيم الرئيسية في الفقرة مهارة فرعية، وهكذا.

في الفصول القادمة، سوف نرى كيف نقيس المهارات الأساسية والمهارات الفرعية.

خلاصة:

للاختبارات أهداف عديدة لا يستغني عنها الطالب أو المعلم أو

الوالدان أو المدرسة أو الجامعة. وهي ضرورية لقياس تحصيل الطالب، وهذا القياس ضروري للترفيع والتخريج والتوظيف والقبول والإرشاد.

والاختبارات نوعان رئيسيان: موضوعية وذاتية. ومن حيث الإنتاج فهي إمـا إنتاجيـة وإمـا تعرفية. ومـن حيـث المُقاس، فهي تقيس التحصيل أو تقيس السرعة. ومن حيث الموقع الزمني، فهي تكوينية أو ختامية.

ومن حيث النطاق، فهي مدرسية محلية أو عامة على مستوى القطر. ومن حيث البنـاء فهي مقننة (معيارية) أو غير مقننة (غير معيارية). ومن حيث وسيلة السؤال والجواب فهي كتابية كتابية، كتابية شفهية، شفهية شفهية، أو شفهية كتابية.

ومن حيث الإعلان، فهي معلنة أو فجائية. ومن حيث مكان الأداء، فهي صفية أو بيتية. ومـن حيث الكتاب، فهي ذات كتاب مغلق أو ذات كتاب مفتوح.

هذه الأنواع من الاختبارات تنطبق على جميع الاختبارات بما فيها الاختبارات اللغويـة. وعـلى المعلم أن يختار النوع المناسب من الاختبارات في الوقت المناسب للغرض المناسب.

وفي اختبارات اللغة تقاس المهارات الأربع الرئيسية: الاستماع والكلام والقراءة والكتابة. وتقاس أيضاً مهارات فرعية عديدة.

أسئلة وتمارين (1)

1. ما الفرق بين الاختبار التصنيفي والاختبار التشخيصي؟

2. كيف يستخدم الاختبار للتجميع المتجانس أو للتجميع المتنوع؟

3. ما الفرق بين اختبار القبول واختبار التنبؤ؟

4. أعط مثالاً لاختبار لغوي موضوعي وآخر ذاتي.

5. أعط مثالاً لاختبار لغوي إنتاجي وآخر تعرفي.

6. ما الفرق بين اختبار التحصيل واختبار السرعة؟

7. ما الفرق بين اختبار تكويني واختبار ختامي؟

8. ما الفرق بين اختبار مقنن واختبار غير مقنن؟

9. أعط مثالاً لكل مما يلي: اختبار شفهي كتابي، اختبار شفهي شفهي، اختبار كتابي شفهي، اختبار كتابي كتابي.

10. ما الغاية من الاختبار الفجائي؟

11. أعط مثالاً لاختبار الكتاب المفتوح.

12. ما المهارات اللغوية الأساسية؟

13. أعط بعض المهارات الفرعية لكل مهارة لغوية أساسية.

الفصل الثاني

صفات الاختبار الجيد

كل عمل يقوم به المرء يمكن أن يكون جيداً أو دون ذلك وفقاً للخبرة والدراية التي يتمتع بها المرء، والاختبار ليس استثناءً هنا. هناك اختبارات جيدة متقنة في هدفها وشكلها ومضمونها لأنها التزمت بمواصفات الاختبار الجيد. وهذه المواصفات عديدة سنعالجها فيما يلي.

الصدق:

يجب أن يكون الاختبار صادقاً. اختبار الإملاء يجب أن يقيس الإملاء فقط. اختبار في القواعد يجب أن يقيس القواعد فقط. اختبار في المفردات يجب أن يقيس المفردات فقط. الاختبار الصادق هو الاختبار الذي يقيس ما وضع من أجله. إذا كان هدف الاختبار قياس الترقيم فقط (أي النقطة والفاصلة...إلخ) فيجب ألاّ يقيس الإملاء. اختبار في القواعد يجب ألا يقيس تمييز الأصوات. اختبار في الكلام يجب ألاّ يقيس

الكتابة. كل اختبار له هدف يجب أن يلتزم بذلك الهدف.

إذا كان للاختبار عدة أهداف، يكون الاختبار صادقاً إذا قاسها جميعاً ولم يهمل أياً منها. صدق الاختبار يعني التزامه بهدفه أو أهدافه. إذا كان الاختبار صادقاً، فهذا يعني أنه يعطي للطالب درجة تتعلق بهدف الاختبار. عدم صدق الاختبار معناه أن درجته لا تقيس هدفه.

الثبات:

يجب أن يكون الاختبار ثابتاً. والثبات أنواع عديدة منها:

1. الثبات الزمني. لو أخذ الطلاب أنفسهم الاختبار ذاته مرتين بينهما فاصل زمني معقول، فإن درجاتهم ستكون ثابتة أو متقاربة في المرتين. وهذا يعني جزئياً أن الأسئلة تُفْهَمُ بطريقة واحدة كلما قرئت. الأسئلة الواضحة تساهم في تحقيق الثبات الزمني لأنها تفهم بطريقة ثابتة على مر الزمن. المطلوب من السؤال يجب أن يكون واضحاً: لا غموض ولا ازدواجية في معانيه. كما أن الثبات الزمني معناه أن غشاً لم يحدث لا في المرة الأولى ولا في المرة الثانية، لأن الغش يجعل درجات الطلاب في المرة الأولى بعيدة عن درجاتهم في المرة الثانية.

الاختبار غير الثابت يعني أنه اختبار غير موثوق به، لأن درجات الطلاب تتفاوت كثيراً بين الإجراء الأول والإجراء الثاني إذا أعيد

استخدام الاختبار ذاته مع الطلاب أنفسهم. إنه يشبه ميزان حرارة لا يوثق بقراءته: إذا قِسْتَ به حرارة مريض عدة مرات متتالية دون فاصل زمني فإنه يعطيك قراءات متباينة جداً.

الاختبار الثابث هو اختبار موثوق يعتمد على درجاته. مثله مثل ميزان الحرارة السليم: إذا قسْتَ به حرارة شخص مرتين خلال دقائق فإنه يعطيك القراءة ذاتها. ولتحقيق ثبات الاختبار يجب توفير ما يلي:

أ. يجب أن تكون الأسئلة واضحة تماماً لا غموض فيها حتى يفهمها جميع الطلاب بالطريقة ذاتها. حدود الجواب يجب أن تكون واضحة. كيفية الجواب يجب أن تكون واضحة. مكان الجواب يجب أن يكون محدداً.

ب. يجب منع الغش، وقاية وعلاجاً.

جـ يجب توحيد ظروف إجراء الاختبار من مثل الوقت والأدوات المصاحبة وظروف الزمان والمكان.

2. الثبات التدريجي. إذا صحح الإجابةَ ذاتها عدةُ مصححين فيجب أن تكون درجاتهم واحدة. وهذا يستوجب وضوح وتحديد طريقة وسياسة وعناصر التدريج، كأن يكون هناك مفتاح للإجابات يلتزم به جميع المصححين أو يلتزم به حتى المصحح الواحد عندما يصحح جميع الإجابات.

إذا لم تكن سياسة التدريج واضحة محددة سلفاً، فإن هذا يجعل التدريج ذاتياً مزاجياً متقلباً لا يضبطه ضابط، يتسم بالظلم والتذبذب حسب مزج المصحح الواحد أو حسب أمزجة المصححين.

ثبات التدريج يعني أن هناك موضوعية ونزاهة في تدريج الإجابات. المقصود بالتدريج وضع درجة أو علامة للإجابة، مثلاً 70 من 100، 15 من 20، 8 من 10، أو غير ذلك.

التمييز:

يشترط في الاختبار الجيد أن يميز بين مستويات الطلاب المختلفة. إذا تراوحت درجات الطلاب في اختبار ما بين 90-100 من مئة، هذا اختبار ضعيف التمييز، وهذا يعني أن الاختبار كان سهلاً جداً لسبب من الأسباب. وإذا تراوحت درجات الطلاب في اختبار آخر بين 20-30 من مئة، فهذا أيضاً اختبار ضعيف التمييز، إذ لابد أنه اختبار صعب جداً.

الاختبار الجيد تكون درجاته منتشرة على مدى واسع كأن تتراوح بين 40-95 من مئة. وهذا يعني أن بعض الطلاب، وهم الممتازون عادة، أخذوا درجات فوق 90. وبعضهم أخذ بين 80-89. وبعضهم بين 70-79. وبعضهم بين 60-69. وبعضهم بين 50-59. وبعضهم دون 50. مثل هذا الاختبار جيد التمييز، إذ فرز الطلاب إلى عدة فئات وعدة مستويات. ولكي يكون الاختبار مميِّزاً، لابد أن تتفاوت الأسئلة في مستوى الصعوبة والدقة: بعضها سهل وبعضها متوسط الصعوبة وبعضها عالي الصعوبة. بعضها يتطلب تذكراً مباشراً وبعضها يتطلب ذكاءً واستنتاجاً.

التمثيل:

الاختبار الجيد مثل المادة الدراسية موضع الاختبار تمثيلاً متوازناً. يغطي النقاط الأساسية فيها ويكون عينة جيدة التمثيل للمادة. بالطبع، لا يمكن لأي اختبار أن يحتوي جميع المادة؛ هذا أمر مستحيل. ولكن الممكن والمطلوب هو أن تكون أسئلة الاختبار موزعة على جميع جوانب المادة الجديدة. الاختبار الجيد يستثني الأجزاء المعادة من المادة، أي الأجزاء التي درسها الطلاب في سنوات سابقة، ويركز على الأجزاء الجديدة من المادة كلما كان ذلك ممكناً.

ولتحقيق التمثيل هناك عدة طرق. الطريقة الأولى هي طريقة المستجدات: تتطلب هذه الطريقة حصر الجوانب الجديدة في المادة وتركيز الاختبار على هذه الجوانب. والطريقة الثانية هي الطريقة النسبية: نريد أن نضع اختباراً يتكون من مئة بند موضوعي من كتاب يتكون من ثلاث مئة صفحة على سبيل المثال؛ هنا نضع بنداً واحداً من كل ثلاث صفحات. وبذلك تتحقق درجة عالية من شمولية الاختبار للمادة. والطريقة الثالثة تجمع بين الطريقتين الأولين: تركز على المستجدات في المادة مع توزيع هذه المستجدات بالطريقة النسبية.

الوقت:

الاختبار الجيد يراعي عامل الوقت. يجب أن يكون الوقت المحدد

للاختبار كافياً للطالب المتوسط كي يجيب عـن أسـئلة الاختبار بكيفيـة مريحـة. قـد يفشـل الاختبار إذا كان وقته أقصر كثيراً أو أطول كثيراً من الوقت الكافي. الوقت الأقصر يحرم الطلاب من فرصة الإجابة عن جزء من أسئلة الاختبار، والوقت الأطول قد يؤدي إلى بعض الفوضى في إدارة الاختبار وإجرائه وقد يؤدي إلى حالات من الغش.

وباستطاعة المعلم أو الفاحص أن يقرر الوقت الكافي للاختبار عن طريق تقدير الوقت الكافي للإجابة عن كل سؤال أو بند على حدة مع مراعاة احتساب الوقت بالنسبة للطالب المتوسط، وليس بالنسبة للطالب المتفوق. ومن المعروف أن الخطأ في تقدير الوقت نوعان: خطأ الزيادة وخطأ النقص. ولاشك أن الخطأ الأول أقل ضرراً من الخطأ الثاني: ضرر إعطاء وقت أطول أقل من ضرر إعطاء وقت أقل.

التعليمات:

يجب أن تكون تعليمات الاختبار واضحة محددة مكتوبة في ورقة الاختبار ذاتها. والتعليمات نوعان: تعليمات عامة تخص الاختبار كله بوجه عام وتعليمات خاصة بكل سؤال على حدة.

من أمثلة التعليمات العامة:

1. أجب عن جميع الأسئلة التالية.

2. أجب عن خمسة أسئلة مما يلي.

3. وقت الاختبار ساعتان.

4. أجب على ورقة الأسئلة ذاتها.

5. أَعِدْ ورقة الأسئلة وورقة الإجابة.

6. يجوز استخدام المعجم.

كل اختبار له ظروفه وأهدافه الخاصة به، ويجب أن تعكس التعليمات العامة خصوصيات ذلك الاختبار. أما التعليمات الخاصة فهي تبين محتوى السؤال ذاته وما المطلوب منه وأين يكتب الجواب والحدود الكمية للجواب.

ومن أمثلة التعليمات الخاصة ما يلي:

1. اقرأ القطعة التالية وأجب عن الأسئلة التي بعدها في الفراغ المحدد لكل جواب.

2. ما مرادف كل كلمة مما يلي. اكتب الجواب في الفراغ المحدد.

3. اكتب عن موضوع كذا فقرة تتكون من عشرة جمل تتراوح كلماتها بين 100-150 كلمة.

4. اختر الجواب الصحيح وضع دائرة حول حرفه، أي حول أ، ب، ج، د.

التدريج:

الاختبار الجيد سهل التدريج، بعيد عن التعقيد. وهذا يستدعي عدة أمور منها:

1. أن يصمم المعلم مفتاحاً للإجابات عند بناء الاختبار ذاته يلتزم به عند التدريج، وهذا جعل التدريج سهلاً ثابتاً موضوعياً. دون مفتاح لا تكون طريقة التدريج واضحة محددة بالقدر الكافي. المفتاح يحدد الجواب المطلوب لكل سؤال أو بند.

2. أن يحدد المعلم عند بناء الاختبار درجة كل سؤال ودرجة كل بند فيه، أي الدرجة النسبية مقارنة بالأسئلة الأخرى في الاختبار ذاته. ومن المرغوب فيه أن تظهر درجة كل سؤال أمام تعليماته في ورقة الأسئلة. هذا الظهور يعين الطالب في التوزيع النسبي للوقت، إذ يقوده هذا إلى إعطاء وقت أطول للسؤال ذي الوزن الأعلى.

3. أن تتساوى أوزان الأسئلة من حيث درجاتها إذا تساوت في وقت الإجابة. لا تختلف الأوزان النسبية للأسئلة إلاّ لسبب يمكن الدفاع عنه. إذا كان اختبار من مئة يتكون من خمسة أسئلة، وكل سؤال يتكون من عشرين بنداً، فالأولى هنا أن يكون لكل سؤال 20 درجة ولكل بند درجة واحدة. ولا مبرر في العادة لأن يكون السؤال الأول هنا من 10، والثاني من 30، والثالث من 25، والرابع من 15، والخامس من 20. تساوي الأوزان هو الأَوْلَى، ولا تفاوت بين الأوزان، إلاّ إذا كانت هناك مبررات واضحة مقنعة. هذا التساوي يحقق سهولة التدريج وعدالة التوزيع معاً.

الشكل:

الاختبار الجيد ذو شكل مُنَسَّق تراعى فيه الأمور التالية:

1. يبدأ بمعلومات المقدمة التي تبين اسم المادة الدراسية واسم القسم ومدة الاختبار واسم أستاذ المادة واسم المدرسة أو الجامعة أو الكلية وتصنيف الاختبار (هل هو شهري أم فصلي أم نهائي أم سنوي...إلخ).

2. ينقسم الاختبار إلى أجزاء وأسئلة وبنود واضحة التقسيم يتسلسل ترقيمها على نحو جيد. وعلى سبيل المثال، يستعان بالكلمات لترقيم الأجزاء: الجزء الأول، الجزء الثاني...إلخ. أما الأسئلة فترقم باستخدام الحروف: أ، ب، ج، ...إلخ. أما البنود فترقم بالأرقام: 1، 2، 3، ...إلخ. وتوضع خطوط فاصلة مزدوجة بين كل جزء والذي يليه، كما توضع خطوط فاصلة مفردة بين كل سؤال والذي يليه، ولا داعي لخطوط فاصلة بين بنود السؤال الواحد.

3. تظهر على ورقة الإجابة (التي قد تكون ورقة الأسئلة ذاتها) الفراغات المحددة للإجابات. وقد تكون هذه الفراغات خطوطاً مستقيمة كاملة أي سطوراً كاملة أو أجزاءً من سطور، حسب طول الجواب المتوقع.

4. يدقق الاختبار طباعياً تدقيقاً وافياً حتى يخلو من الأخطاء الطباعية

أو سواها كيلا تنشأ مشكلات في أثناء إجراء الاختبار. الاختبار الذي تكثر فيه الأخطاء الطباعية أو سواها من الأخطاء يفشل في أثناء الإجراء لأن الطلاب يقاطعُون عشرات المرات لتصحيح تلك الأخطاء مما يجعلهم في ارتباك شديد. تدقيق طباعياً يجب أن يتم قبل توزيعه، لا بعد توزيعه.

5. يفضل أن يكون الاختبار مطبوعاً على أن يكون مكتوباً بخط اليد لتحقيق قدر أوفر من الوضوح والترتيب والاتساق.

خلاصة:

الاختبار الجيد، لقياس اللغة أو سواها، لابد أن يتصف بصفات خاصة. يجب أن يكون صادقاً، أي يقيس ما يراد له أن يقيس. ويجب أن يكون ثابتاً: لو أجاب عليه الطالب ثانية لحصل على العلامة ذاتها تقريباً. وليكون ثابتاً يجب أن يكون واضح التعليمات.

ويجب أن يكون الاختبار ثابت التدريج: لو درَّج المعلم نفسه إجابة طالب ما مرتين لأعطاه الدرجة ذاتها. ولو درَّج معلم آخر إجابة ما لأعطاها الدرجة ذاتها التي أعطاها المعلم الأول للإجابة ذاتها. وهذا يعني ابتعاد الدرجة عن مزاجية المعلم وخضوعها لمعايير موضوعية ثابتة.

والاختبار الجيد مميِّز: يظهر الفروق بين الطلاب، وهذا يستدعي احتواءه على أسئلة متفاوتة في درجات الصعوبة. كما أنه يمثل

المادة موضع الفحص تمثيلاً جيداً، والوقت المخصص له كافٍ، وتعليماته كافية واضحة لا لبس فيها، وتدريجه سهل غير معقد، وشكله معقول مرتب، وطباعته واضحة خالية من الأخطاء الطباعية.

أسئلة وتمارين (2)

1. كيف يكون الاختبار صادقاً؟

2. ما العوامل التي تجعل الاختبار عالياً في ثباته الزمني؟

3. كيف نجعل الاختبار عالياً في ثبات التدريج؟

4. أيهما أكثر تمييزاً اختبار تتراوح درجاته بين 60-90 أم اختبار تتراوح درجاته بين 40-80؟ لماذا؟

5. كيف نجعل الاختبار عالي التمييز؟

6. ماذا تفعل لتجعل الاختبار جيد التمثيل؟

7. ما الضرر الناجم من زيادة وقت الاختبار أو نقص هذا الوقت؟

8. ما المقصود بالتعليمات العامة والتعليمات الخاصة في الاختبار؟

9. أعط أمثلة للتعليمات العامة لاختبار ما؟

10. ما أهمية مفتاح الاختبار في تدريج الاختبار؟

11. ما الفرق بين أجزاء الاختبار وأسئلته وبنوده من حيث المدلول؟ ومن حيث الترقيم؟

الفصل الثالث

الاختبار الموضوعي
والاختبار الذاتي

الاختبارات نوعان رئيسيان: اختبار موضوعي واختبار ذاتي. الاختبار الموضوعي قد يكون إنتاجياً يتطلب إجابة محددة في كلمة أو جملة. وقد يكون الاختبار الموضوعي تَعَرُّفِيّاً، ليس إنتاجياً: هنا يختار الطالب الجواب الصحيح من بين عدة إجابات. والاختبار الموضوعي لا يختلف في تدريجه الفاحصون: إذا درج اختباراً موضوعياً فاحصان فإنهما سيتفقان في درجة كل طالب اتفاقاً تاماً في أغلب الحالات، واتفاقاً شبه تام في الحالات الباقية. كما أن الاختبار الموضوعي يتمتع بدرجة عالية من ثبات التدريج: إذا درج اختباراً موضوعياً فاحص واحد ثم قام الفاحص نفسه بإعادة تدريج الإجابات ذاتها فإنه سيعطي درجة مطابقة للدرجة الأولى.

والاختبارات الموضوعية أنواع عديدة سيتم استعراضها في هذا الفصل

مع مثال واحد أو أكثر على كل منها.

اختبار ملء الفراغ:

هنا يطلب ملء الفراغ بكلمة واحدة مناسبة قـد تكـون كلمـة محتـوى (مثـال 1) أو كلمـة وظيفية (مثال 3)، مثل حرف جر أو حرف عطف أو أداة شرط أو أداة نفي. ويمكنَ استخدام مثل هذا الاختبار في اختبارات المفردات والنحو والاستيعاب.

مثال (1)

املأ الفراغ بكلمة واحدة مناسبة من عندك:

- ذهب الولد إلى ـــــ

مثال (2)

املأ الفراغ بكلمة واحدة تختارها من بين بدائل:

- ذهب الولد إلى ـــــ (المدرسة، يدرس، تدريس).

مثال (3)

املأ الفراغ بحرف جر مناسب:

- والده لا يحب السفر ـــــ أوروبا.

اختبار التكملة:

هنا يجب تكملة الجملة بعدة كلمات أو بجملة أخرى.

مثال (4)

أكمل كل جملة مما يلي بتركيب يتكون من عدة كلمات:

• إذا رأيتَه ....

• إنْ تدرسْ ....

قد تكون التكملة ذات طابع لغوي فقط أو ذات طابع لغوي ومحتوى معاً. البندان المـذكوران تحت مثال (4) يركزان على الصحة اللغوية فقط. ولكن قد يسـتخدم اختبـار التكملـة لقيـاس الاستيعاب بعد قراءة نص ما؛ في هذه الحالة يكون التركيز على الصحة اللغوية وعلى المحتوى معاً:

• بعد أو وصل الطبيبُ ....

اختبار كشف الخطأ:

هنا يطلب اكتشاف الخطأ في جمل أو فقرة وتصحيحه (مثال 5، مثال 6).

مثال (5)

ضع خطاً تحت الخطأ الإملائي في الجمل الآتية وصححه تحته مباشرة:

• إن القراءة مفيدة جداً للمبتدئين.

_____

• لديه تساؤُلات عديدة يرغب في معرفة إجاباتها.

_____

مثال (6)

ضع خطاً تحت الخطأ النحوي وأعد كتابة الجملة صحيحة مع شكل أواخر الكلمات:

• الأولادُ لم يدرسانْ الدرسَ دراسةً كافيةٍ.

_____

اختبار الصواب والخطأ:

هنا يقرر الطالب هل الجملة صواب أم خطأ. ويمكن أن يطلب منه تصحيح الخطأ إن وجد.

مثال (7)

ضع إشارة √ أو × بين القوسين على أساس الصحة النحوية:

- اشترى الولد سبع أقلام (   )

- اشترت الوزارة عشرة سيارات. (   )

مثال (8)

ضع إشارة √ أو × بين القوسين على أساس صحة المحتوى بناء على فهمك للفقـرة المـذكورة أعلاه. وصحح الجملة إن كانت خطأ:

- اكتشف كولمبوس أمريكا في القرن السادس عشر. (   )

──────────

يستحسن هنا ملاحظة ما يلي:

1. من الأفضل تحديد موقع إشارتي الصواب أو الخطأ لتسهيل التدريج وإلزام الطالـب بوضع الجـواب في موقـع محـدد (مثال 7). دون هـذا الإلـزام، سيضـع الطـلاب الجـواب في مواقـع متعددة: قبل الجملة، بعدها، تحتها، أو فوقها، مما يربك الفاحص في التدريج.

2. من الأفضل تحديد شكل الجواب منعـاً لفوضى التعـدد. هل الجواب هكذا √ أم كلمـة (صواب) أم ماذا؟

3. من الأفضل المطالبة بتصحيح الجملة إن كانت خطأ، لأن عدم التصـحيح سـيجعل التخمـين الأعمى عالي الاحتمال.

4. يمكن استخدام مثل هذا الاختبار لقيـاس الإمـلاء والنحـو والترقيم وسـواها مـن المهـارات اللغوية.

اختبار الاختيار من متعدد:

يتكون هذا الاختبار من عدة بنود. كل بند يتكون من ساق وعدة بدائل، واحد من هذه البدائل هو الصواب ويدعى المفتاح وسواه من البدائل تدعى مُشَتِّتَات.

مثال (9)

ضع دائرة حول حرف البديل الصحيح:

• ـــــ كسر عامرٌ النافذة.

أ. لم	(ب) ما	ج. إن	د. لمن

الجملة ذاتها هي الساق. والبدائل هنا أربعة. البديل ب هو المفتاح لأنه الجواب الصحيح. البدائل (أ، ج، د) هي المشتتات.

يمكن أن يكون الساق جملة إخبارية غير كاملة يكملها المفتاح (مثال 9، مثال 10) أو جملة إخبارية كاملة (مثال 11) أو سؤالاً (مثال 12):

مثال (10)

من شعر المعلقات السبع ـــــ

أ. عنترة	ب. أبو تمام	ج. البحتري	د. الحطيئة

مثال (11)

يداك أوكتا وفوك نفخ.

أ. أنت غير مسؤول عما حدث.

ب. المسؤولية مشتركة بينك وبين الظروف.

ج. المسألة قضاء وقدر ولا أحد مسؤول عما حدث.

د. أنت المسؤول عما حدث.

مثال (12)

ما هي أدوات الشرط؟

أ. لم، لن، ما، سوف

ب. إذا، إنْ، كيفما، عندما

ج. كان، ليس، أصبح، أضحى

د. إنّ، أنّ، كأنّ، حتى

هناك عدة طرق للإجابة عن أسئلة مثل هذا الاختبار:

1. ضع دائرة حول حرف البديل الصحيح:

أ. سوف	(ب) لم	ج. كيف	د. لن

2. ضع حرف البديل الصحيح في الفراغ:

- جـ تدرسْ تنجحْ

أ. أنَّ	ب. إنّ	ج. إنْ	د. أنْ

3. ضع البديل الصحيح في الفراغ:

- لم يدرس ولذلك لم ينجح.

أ. سوف	ب. ما	ج. لن	د. لم

في اختبار الاختيار من متعدد، يجب مراعاة ما يلي:

1. الجواب الصحيح واحد من البدائل فقط، ولا يجوز أن يكون هناك جوابان صحيحان.

2. الأجزاء المشتركة في البدائل تظهر في الساق ولا يجوز أن تتكرر في البدائل.

مثال (13)

قائل هذه القصيدة هو _____

أ. الشاعر إبراهيم طوقان

ب. الشاعر مصطفى محمود

ج. الشاعر عمر أبو ريشة

د. الشاعر حافظ إبراهيم

كلمة الشاعر يجب ألا تتكرر في البدائل (مثال 13)، بل يجب أن تظهر في الساق قبل الفراغ.

3. المشتتات يجب أن تكون مغرية للاختيار إذ لا فائدة من مشتت لا يجـذب أحـداً مـن الطلاب (مثال 14).

مثال (14)

هناك أسباب متعددة _____ إلى وقوع الحرب.

أ. الأنهار

ب. أَدَّتْ

ج. البحيرات

د. السهول

لا يوجد أي احتمال لأن يختار أي طالب البدائل أ، ج، د في المثال (14). جميع الطلاب سيختارون البديل ب دون ريب. مثل هذه المشتتات لا نفع منها على الإطلاق.

4. العدد المعقول من البدائل هو أربعة أو خمسة. أقل من ذلك يؤدي إلى زيادة احتمال التخمين الأعمى، وأكثر من ذلك يؤدي إلى إرباك لا داعي له. بديلان أو ثلاثة عدد أقل مما يجب، وستة أو سبعة عدد أكثر مما يجب.

5. إذا كان عدد البدائل أربعة في اختبار ما فلا يجوز أن تكون ثلاثة أو خمسة في بعض البنود وأربعة في أكثرها. لابد من الالتزام بأربعة بدائل لجميع البنود في الاختبار الواحد.

6. يمكن أن تتوالى البدائل أفقياً (مثال 9) أو عمودياً (مثال 12)، حسب طول البديل. البدائل القصيرة في العادة أفقية، والبدائل الطويلة في العادة عمودية.

7. لا ينتهي البديل بنقطة إلاّ إلى كان جملة كاملة (مثال 11). وفيما عدا ذلك، لا يظهر أي ترقيم بعد البديل (مثال 10).

8. يجب أن تتساوى البدائل في الطول، لأن اختلاف طول البديل عن سواه قد يوحي بأنه هو البديل الصائب.

اختبار الحذف المنتظم:

هنا تحذف الكلمات من فقرة ما حذفاً منتظماً، مثلاً تحذف الكلمة الخامسة أو السادسة بعد أول جملتين من الفقرة. هاتان الجملتان لا يحذف منهما شيء، كي يأخذ الطالب فكرة ما عن طبيعة الفقرة. بعدهما، يبدأ الحذف: تحذف الكلمة الخامسة، ثم العاشرة، ثم الخامسة عشرة، وهكذا حتى نهاية الفقرة.

الكلمات المحذوفة قد تكون كلمات محتوى أو كلمات وظيفية، أي كلمات نحوية مثل حروف العطف والجر والنفي والجزم والنصب. الحذف الأشيع هو حذف الكلمة الخامسة أو السادسة. لاحظ أنه كلما زاد معدل الحذف زادت صعوبة الاختبار، كأن تحذف الكلمة الثالثة أو الرابعة على التوالي. وكلما قلَّ معدل الحذف زادت سهولة الاختبار، كأن تحذف كل كلمة عاشرة.

اختبار الترتيب:

هنا يطلب ترتيب (أو إعادة ترتيب) مجموعة من الكلمات لتكوين جملة صحيحة (مثال 15) أو ترتيب مجموعة من الجمل لتكوين فقرة ذات معنى

(مثال 16). كما يمكن أن يطلب إعادة ترتيب أية بنود ترتيباً زمانياً (مثال 17، مثال 18) أو مكانياً أو سببياً أو نحو ذلك.

مثال (15)

أعد ترتيب كل مجموعة مما يلي لتكوين جملة مفيدة:

• يعمل، من، لنفسه، يعمل، خيراً، فإنما

• المسلم، بأخيه، يجب، ألا، على، يستهزئ، المسلم

مثال (16)

أعد ترتيب هذه الجمل لتكوين فقرة ذات معنى.

مثال (17)

أعد ترتيب هذه الجمل ترتيباً زمنياً حسب حدوثها في النص المذكور أعلاه.

مثال (18)

أعد ترتيب هذه الأحداث حسب تسلسل حدوثها في النص المذكور.

اختبار المزاوجة:

هنا تطلب المزاوجة بين أفراد مجموعتين من البنود. قد تكون

المجموعتان كلمات ومرادفات، كلمات وأضداداً، أحداثاً وسنوات، بلداناً وعواصم، بلداناً وصادرات، بلداناً وواردات، أعلاماً وأحداثاً، جملاً وتكملات، كلمات وكلمات أخرى تقترن بها (أي كلمات وقرائن)، أسماء ونعوتاً، أسماء وأفعالاً، أسماء ومصادر، أو سواها.

ويلاحظ هنا، في المثال (19)، أن بنود المجموعة (ب) أكثر عدداً من بنود المجموعة (أ) لأن التساوي سيؤدي إلى زيادة احتمال الخطأ المزدوج. إذا تساوت فإن الخطأ الواحد سيؤدي إلى خطأ ثان على وجه حتمي. ولكن في حالة عدم التساوي. أن يؤدي الخطأ الواحد إلى خطأ آخر يصبح مجّرد احتمال.

مثال (19)

اختر من المجموعة ب الكلمة التي تقترن بالكلمة في المجموعة أ واكتبها في الفراغ المحدد.

(أ)		(ب)
حفيف	ــــ	الماء
خرير	ــــ	الحصان
فحيح	ــــ	الشجر
صهيل	ــــ	الأسد
خوار	ــــ	الكلب
عواء	ــــ	الأفعى
		البقرة
		النمر

الاختبارات الذاتية:

أما الاختبار الذاتي فهو اختبار يقبل تنوع الإجابات واختلافها من طالب إلى آخر. مثال ذلك كتابة فقرة أو كتابة مقال عن موضوع ما. في هذه الحالة، لا يوجد طالبان يكتبان الفقرة ذاتها: كل طالب يتناول الموضوع بطريقة خاصة به. إن كان هناك أربعون طالباً، فسيكتبون أربعين فقرة مختلفة، كلها مقبولة، غير أنها تتفاوت بالتأكيد في درجة الجودة والصحة.

ومن أمثلة أسئلة الاختبارات الذاتية ما يلي:

1. اشرح نصاً أو بيت شعر.

2. علِّق على المقولة التالية.

3. اذكر وجوه الاختلاف بين كذا وكذا.

4. اذكر وجوه التشابه بين ... .

5. ما رأيك في ...؟

6. اذكر مزايا كذا.

7. اذكر عيوب كذا.

8. ما أسباب ...؟

9. ما نتائج ...؟

10. قارن بين كذا وكذا.

11. قيِّم هذه العبارة.

12. أعط أمثلة على ... .

13. عَدِّد ... .

مقارنة بين الاختبارات الموضوعية والاختبارات الذاتية:

هناك عدة وجوه اختلاف بين الاختبارات الموضوعية والاختبارات الذاتية:

1. الإعداد. الاختبار الموضوعي يحتاج وقتاً أطول للإعداد مما يحتاجه الاختبار الذاتي، ذلك بأن الاختبار الموضوعي يتكون من عشرات البنود في حين أن الاختبار الذاتي يتكون من بضعة أسئلة فقط. فقد يستغرق إعداد الاختبار الموضوعي ساعتين أو أكثر إذا كان يتكون من ستين بنداً، في حين أن الاختبار الذاتي يمكن أن تعد أسئلته في ربع ساعة أو أقل.

2. زمن التدريج. الاختبار الموضوعي يستغرق وقتاً قصيراً في التدريج مقابل وقت طويل لتدريج الاختبار الذاتي، لأن الإجابات محددة وقصيرة في الأول ومتنوعة طويلة في الثاني.

3. ثبات التدريج. الاختبار الموضوعي ذو إجابات محددة جداً، لذا لا يختلف في تدريجه فاحصان. بالمقابل، الاختبار الذاتي ذو إجابات مرنة متنوعة خاضعة لمزاج ورأي الفاحص عند عملية التدريج. تدريج الاختبار الموضوع دقيق ثابت وتدريج الاختبار الذاتي أدنى دقة وثباتاً من الأول.

4. التمثيل. لأن الاختبار الموضوعي ذو بنود عديدة قد تتراوح بين 30-200 بنداً (حسب طول وقت الاختبار وأهدافه)، فإنه أقدر

على تمثيل المادة الدراسية موضع الاختبار من الاختبار الذاتي ذي الأسئلة محدودة العدد.

5. الاستيعاب المترابط. الاختبار الذاتي (بحكم طبيعة أسئلته) أقدر على قياس الاستيعاب المترابط لأجزاء المادة الدراسية من الاختبار الموضوعي. الاختبار الذاتي يسأل عن التحليل والتعليل والربط والمقارنة والتسلسل، وهذه أمور لا تقاس بسهولة في الاختبارات الموضوعية.

6. قياس الجزئيات. الاختبار الموضوعي أقدر على قياس أجزاء المادة من الاختبار الذاتي. قياس الجزئيات يتطلب أجوبة قصيرة جداً ومحددة جداً؛ قد يكون الجواب كلمة واحدة مثل هذا لا يقاس بالاختبار الذاتي، بل بالاختبار الموضوعي، الذي هو أصلح لقياس التفاصيل.

7. قياس القدرات الأعلى. قدرات المقارنة والتحليل والتعليل والتقييم تقاس على نحو أفضل بالاختبار الذاتي، لا بالاختبار الموضوعي.

8. حالات خاصة. بعض الأهداف التعليمية لا تقاس إلاّ بالاختبار الذاتي، مثال ذلك كتابة فقرة أو مقال. وبعضها لا تقاس إلاّ بالاختبار الموضوعي، مثال ذلك قياس المفردات والقواعد والإملاء.

9. الغش. احتمالات الغش في أثناء إجراء الاختبار الموضوعي أعلى مما هي في الاختبار الذاتي بسبب قصر الجواب المراد اصطياده في الاختبار الموضوعي.

10. التخمين الأعمى. بعض الطلاب يخمنون الجواب في الاختبارات بطريقة عمياء لعلهم يصيبون دون دراية. هذه الحالات أشيع في الاختبار الموضوعي مما هي في الاختبار الذاتي، لأن الجواب كثيراً ما يعتمد على الاختيار القائم على التعرف وحده.

11. الاختبار الموضوعي إما تعرفي وإما إنتاجي. بالمقابل، الاختبار الذاتي إنتاجي دائماً.

معالجة عيوب الاختبارات:

لمعالجة عيوب الاختبار الموضوعي، يمكن إجراء ما يلي:

1. يُزاد عدد البدائل لتقليل احتمالات التخمين الأعمى. اختبار بدائله أربعة أفضل من اختبار بدائله ثلاثة، وثلاثة أفضل من اثنين. كلما زاد عدد البدائل، قلت فرصة التخمين الأعمى (بشرط ألاّ تزيد البدائل عن خمسة).

2. يستحسن أن تتنوع أهداف البنود من تعرف إلى تذكر إلى استنتاج. أدنى العمليات العقلية هي التعرف على الجواب الصحيح. والأعلى من ذلك هو التذكر. والأعلى من التذكر هو الاستنتاج.

3. تُعْمَلُ اختبارات متوازية (أي متكافئة في محتواها ودرجة صعوبتها) أو يعاد ترتيب البنود ذاتها في شكلين أو أكثر منعاً للغش.

ولمعالجة عيوب الاختبار الذاتي (الاختبار المقالي كما يدعوه البعض)، يمكن إجراء ما يلي:

1. توضع قيود كمية على الجواب. مثلاً، اشرح في أربعة سطور، اذكر ثلاثة أسباب، اذكر أربعة وجوه شبه.

2. يوضع مفتاح للإجابات يحصر الأساسية مما يقلل مزاجية التدريج.

3. تبيّن أوزان عناصر الإجابة. مثلاً 10 درجات للإملاء (في اختبار كتابة الفقرة)، 20 للقواعد، 10 للترقيم، 10 لاختيار الكلمات، 20 للمحتوى، 10 لوحدة الفقرة، 20 لترتيب الأفكار. (والمجموع هنا 100 درجة).

4. يُزاد عدد الأسئلة لزيادة تمثيل المادة. عشرة أسئلة قصيرة الجواب أفضل من ثلاثة أسئلة طويلة الجواب.

خلاصة:

الاختبار الموضوعي اختبار محدد الإجابة وتعتمد فيه درجة الطالب على إجابته بشكل كامل أو شبه كامل. ولكن الاختبار الذاتي يفسح المجال لإجابات متفاوتة والدرجة فيه تعتمد على التقدير الذاتي للمعلِّم.

والاختبارات الذاتية أنواع عديدة، ولكنها في مجملها تتطلب التعليق أو الشرح أو المقارنة أو التقييم أو الوصف أو ذكر الأسباب أو ذكر النتائج.

وهناك فروق عديدة بين الاختبارات الموضوعية والاختبارات الذاتية. فالاختبارات الموضوعية أصعب في الإعداد وأسهل في التدريج وأكثر ثباتاً وأعلى تمثيلاً وأقدر على قياس الجزئيات وأطوع للغش وأدعى للتخمين الأعمى من الاختبارات الذاتية.

ومن ناحية أخرى، فإن الاختبارات الذاتية أقدر على قياس الاستيعاب المترابط وقياس القدرات العقلية الأعلى من مثل التحليل والتعليل والتقييم والمقارنة. كما أن بعض المجالات لا تقاس إلاّ بالاختبارات الذاتية.

ولكل نوع من الاختبارات مزاياه وعيوبه. والمهم في جميع الأحوال أن يختار المعلم النوع من الاختبار أو الأنواع التي تناسب المادة والهدف من تدريسها. فهناك اختبارات جيدة تصلح لمادة ما ولكنها لا تصلح لمادة أخرى. وباختصار، لا غنى عن حكمة المعلم وخبرته لاختيار النوع المناسب من الاختبارات للمادة المناسبة في الوقت المناسب للهدف المناسب.

أسئلة وتمارين (3)

1. ما الفرق بين اختبار ملء الفراغ واختبار التكملة؟

2. أيهما يؤدي إلى ثبات أكثر: اختبار الصواب والخطأ دون تصحيح الخطأ أم مع تصحيح الخطأ؟ ولماذا؟

3. ضع مثالاً لاختبار كشف الخطأ يركز على أخطاء القواعد. ضع التعليمات وخمسة بنود.

4. بَيِّن الخطأ في كل من الاختبارات التالية من أ إلى ك:

أ. ورد سؤال قواعد في اختبار إملاء.

ب. استعملت الأرقام 1، 2، 3، 4 ... إلخ في ترقيم البنود في اختبار الاختيار من متعدد والأرقام ذاتها في ترقيم البدائل ضمن البند الواحد.

ت. في آخر صفحة في اختبار ما، ورد ما يفيد أن على الطالب أن يختار خمسة أسئلة من سبعة.

ث. في اختبار ما، جاءت الأسئلة الصعبة في أول الاختبار والأسئلة السهلة في آخره.

ج. اختبار تعليماته هكذا: ضع كلمة (صواب) أو كلمة (خطأ) لكل عبارة مما يلي.

ح. اختبار أحد أسئلته يسأل عن الفروق بين الماضي والمضارع والأمر، وسؤال آخر في الاختبار ذاته يسأل عن أنواع الفعل الثلاثة.

خ. اختبار أحد أسئلته يسأل: ما الاسم الموصول المثنى المؤنث؟ والسؤال التالي في الاختبار ذاته يسأل: أعط جملة مثالاً عليه.

د. سؤال عليه خمسة درجات يتكون من ثمانية بنود.

ذ. سؤال من خمسة بنود له خمسة درجات. وسؤال آخر من عشرة بنود في الاختبار ذاته له خمسة درجات.

ر. اختبار صواب وخطأ يتكون من خمسين بنداً لا يطلب تصحيح الخطأ.

ز. اختبار الاختيار من متعدد يضع سبعة بدائل لكل بند.

س. اختبار الاختيار من متعدد تعليماته هكذا: ضع إشارة √ للبديل الصحيح.

ش. اختبار الاختيار من متعدد يضع حروف البدائل رأسية تحت رقم البند مباشرة.

ص. اختبار الصواب الخطأ تعليماته هكذا: ضع إشارة √ أو × لكل عبارة مما يلي:

ض. اختبار مزاوجة تعليمات هكذا: ضع خطوطاً تصل بين الكلمة ومعناها في القائمتين التاليتين.

ط. اختبار مزاوجة عدد البنود في كل قائمة فيه سبعة.

ظ. اكتب ما تعرف عن المعلقات السبع.

ع. اختبار الاختيار من متعدد جميع إجاباته الصحيحة تتوالى على نمط ج، ب، أ، د.

غ. أعرب ما يلي: التفاحة ناضجة. الحديقة واسعة.

ف. بند اختيار من متعدد هكذا:

كان ─────────────

أ. خالد بن الوليد قائد معركة اليرموك.

ب. خالد بن الوليد قائد معركة حطين.

ج. خالد بن الوليد قائد معركة عين جالوت.

د. خالد بن الوليد قائد معركة بلاط الشهداء.

ق. اختبار حذف منتظم حَذَفَ كل كلمة ثالثة.

ك. اختبار حذف منتظم حَذَفَ كل كلمة عاشرة.

5. أعط التعليمات وبندين لاختبار الترتيب.

6. أعط التعليمات وبتة بنود لاختبار المزاوجة بين الكلمات وأضدادها.

7. أي الاختبارات أفضل: الموضوعية أم الذاتية من حيث الوجوه الآتية: سرعـة الإعـداد، سرعـة التـدريج، ثبـات التـدريج، تمثيـل المـادة، قياس الاستيعاب الشـامل، قياس الجزئيـات، قيـاس القدرات الأعلى، الكتابة الحرة، القواعد، الإملاء، التذوق الأدبي؟

8. كيف نرفع موضوعية التدريج في الاختبار الذاتي (المقالي)؟

9. كيف نقلل من احتمالات الغش في الاختبار الموضوعي؟

الفصل الرابع

اختبارات المفردات

تشكل المفردات (أي الكلمات) جزءاً رئيسياً من المقدرة اللغوية للطالب. وهناك عدة طرق لقياس المفردات سنذكر أهمها في هذا الفصل. ولكن السؤال المهم هنا هو: أية مفردات نقيس؟ ليس من المعقول أن يحتوي الاختبار على أية مفردات، بل لابد أن يركز على المفردات الجديدة في المادة موضع الاختبار. وهذا مبدأ عام في الاختبارات ينطبق على جميع الاختبارات، وليس على اختبار المفردات فقط.

ولكن هنا أمر لابد من الإشارة إليه. المفردات نوعان: مفردات نشيطة ومفردات خاملة. المفردات النشيطة هي مفردات نتوقع أن ترد في كلام وكتابته، ونتوقع ورودها فيما يقرأ أو فيما يسمع أيضاً. المفردات النشيطة نسأل في الاختبار عن جوانبها الإنتاجية، أما المفردات الخاملة فنسأل عن معناها فقط. إذا كانت الكلمة نشيطة يمكن أن نطلب استخدامها في جملة. بالطبع، تصنيف الكلمات إلى نشيطة وخاملة تصنيف

48

مؤقت يعتمد على مستوى الطالب وأهداف المنهج. فالكلمة الخاملة لطالب الخامس الابتدائي قد تصبح نشيطة لطالب السنوات التالية.

وهناك جانب آخر: المفردات، مثل كثير من العناصر اللغوية، يمكن أن تقاس إنتاجياً أو تعرفياً. يمكن أن يطلب الاختبار إنتاج كلمات أو أن يطلب التعرف على الكلمات الصحيحة من بين عدة كلمات.

وهناك عدة طرق لاختبار المفردات منها ما يلي:

اختبار ملء الفراغ:

مثال (1)

املأ الفراغ بكلمة واحدة من عندك.

• أعلى نقطة في الجبل تدعى ــــــــــــ

• المنطقة السفلى في البحر تدعى ــــــــــــ

• الدواء الذي يستعمل ضد الجراثيم يدعى المضاد ــــــــــــ

يلاحظ هنا (مثال 1) أن كل فراغ يملأ بكلمة واحدة فقط. إذا كان الجواب كلمتين متتاليتين فلابد من فراغين متتاليين. كما يلاحظ أن الكلمة المطلوبة هنا هي كلمة محتوى، أي ليست كلمة نحوية مثل حروف الجر أو العطف. مثل هذا الاختبار موضوعي إنتاجي، وليس تعرفياً.

اختبار اختيار المرادف:

هنا يطلب اختيار الكلمة المرادفة لكلمة أخرى من بين عدة بدائل (مثال 2).

مثال (2)

ضع دائرة حول حرف الكلمة المرادفة للكلمة التي تحتها خط:

• إنه رجل ثري.

د. بخيل	ج. كريم	ب. فقير	أ. غني

• الحرب والليل والبيداء تعرفه.

د. الغابة	ج. الصحراء	ب. النهار	أ. البحر

اختبار صورة وبدائل:

هنا تظهر صورة وبجانبها أو تحتها أربعة بدائل واحد منها فقط هو الصحيح (مثال 3).

مثال (3)

ضع دائرة حول حرف الكلمة التي تناسب الصورة المحاذية.

د. سمكة	ج. فيل	ب. نمر	أ. أسد	صورة:
د. حيوان	ج. زهرة	ب. ثمرة	أ. شجرة	صورة:

اختبار تعريف وبدائل:

هنا يكون الساق تعريفاً والبدائل أربع كلمات واحدة منها صحيحة (مثال 4).

مثال (4)

ضع دائرة حول حرف البديل الصحيح:

• الشخص الذي يستلم النقود من المشتري هو ____________

أ. المحاسب	ب. السمسار	ج. أمين الصندوق	د. المالك

• طرد الهواء من الرئتين في أثناء التنفس هو ____________

أ. شهيق	ب. زفير	ج. استنشاق	د. خروج

اختبار كلمة وتعريفات:

هنا يكون الساق كلمة والبدائل أربعة تعريفات واحد منها صحيح (مثال 5).

مثال (5)

ضع دائرة حول حرف البديل الصحيح:

• التنفس هو ____________

أ. عملية تأخذ ثاني أكسيد الكربون وتخرج الأكسجين

ب. عملية تأخذ النيتروجين وتخرج الأكسجين

ج. عملية تأخذ الهيدروجين وتخرج الأكسجين

د. عملية تأخذ الأكسجين وتخرج ثاني أكسيد الكربون

اختبار كلمة ومعانٍ:

توضع الكلمة في سياق (أي في جملة)، ثم يسأل عن معناها في بدائل (مثال 6). وهذا يختلف عن اختبار المرادف، لأن مرادف الكلمة كلمة واحدة ولكن معناها قد يصاغ في عدة كلمات.

مثال (6)

اختر البديل الصحيح لمعنى الكلمة التي تحتها خط وضع دائرة حول حرف البديل:

• <u>انهمر</u> المطر ليلة أمس.

	أ. نزل خفيفاً
ب. نزل بغزارة	
	ج. انقطع
د. نزل رذاذاً	

اختبار كلمة واقتران:

هنا تظهر كلمة، أمامها عدة بدائل، واحد منها فقط يقترن بالكلمة (مثال 7).

مثال (7)

ضع خطاً تحت كلمة واحدة في كل مجموعة بحيث تقترن تلك الكلمة مع الكلمة الرئيسية.

- أثاث: سيارة، كرسي، برتقالة، غرفة

- أزهار: قرنفلة، تفاحة، شجرة، شجيرة

- قرطاسية: آلة، كتاب، فكرة، قلم

اختبار كلمات وحقل:

هنا تظهر مجموعة كلمات، ثلاث إلى ست، ويطلب كتابة حقل هذه المجموعة (مثال 8).

مثال (8)

ضع أمام كل مجموعة من الكلمات الحقل الذي تنتمي إليه:

- قط، كلب، طائر، أسد: حيوانات

- قلم، مسطرة، مساحة، ورقة: _____

اختبار كلمات وفراغات:

هنا تظهر مجموعة بدائل من الكلمات، 10-20 بديلاً، ثم تتبعها

قطعة فيها فراغات يساوي عددها عدد البدائل.

مثال (9)

ضع كل كلمة مما يلي في الفراغ الذي يناسبها في القطعة التالية.

مثال (10)

ضع رقم الكلمة المناسبة في الفراغ المناسب في القطعة التالية.

في كلتا الحالتين، توجد مجموعة من الكلمات وقطعة تالية فيها فراغات يساوي عـددها عـدد الكلمات. ويجوز أن يكون عدد الكلمات أكثر من عدد الفراغات. في المثال (9)، يكتب الطالب الكلمة ذاتها في الفراغ. أما في المثال (10)، فإن الطالب لا يكتب الكلمة، بل يكتب رقمها فقط في الفراغ المناسب.

اختبار مزاوجة:

هنا تظهر قائمتان من الكلمات ويطلب المزاوجة بين أفرادهما على أساس الـترادف (مثال 11) أو التضاد (مثال 12) أو الاقتران (مثال 13). ويجـوز أن تتسـاوى القائمتـان في العـدد أو تزيـد الثانية عن الأولى، والزيادة أفضل وأسلم (مثال 14) كيلا يؤدي الخطأ الواحد إلى خطأين.

مثال (11)

ضع أمام كل كلمة في القائمة الأولى مرادفها الذي تختاره من القائمة الثانية.

مثال (12)

ضع أمام كلمة من القائمة الأولى ضدها في المعنى الذي تختاره من القائمة الثانية.

مثال (13)

ضع أمام كل كلمة في القائمة الأولى الكلمة التي تقترن بها (من الحقل ذاته) والتي تختارها من القائمة الثانية.

مثال (14)

ضع أمام كل كلمة في القائمة الأولى رقم الكلمة المرادفة لها من القائمة الثانية.

قائمة (1)		قائمة (2)
وفيّ ________		1. قاحلة
مكتظ ________		2. مخلص
جدباء ________		3. عطوف
جليّ ________		4. مزدحم
شفوق ________		5. هزلي

هزيل ________		6. واضح
		7. نحيف
		8. منهمك

اختبار الاستعمال في جملة:

هنا يطلب أن تستعمل الكلمة في جملة تبين معناها (مثال 15).

مثال (15)

استعمل كل كلمة مما يلي في جملة تبين معناها:

- مَرْهم : ________
- نَطاسِيّ: ________

اختبار الشرح:

هنا يطلب شرح معنى الكلمة (مثال 16).

مثال (16)

اشرح معنى كل كلمة مما يلي:

- الصيدلَة: ________
- العقاقير: ________
- الحوت: ________

اختبار الاشتقاق:

هنا يطلب استخدام مشتق مناسب من الكلمة لملء فراغ في جملة (مثال 17) أو اختيار كلمة مناسبة ثم تحويلها إلى المشتق المناسب (مثال 18).

مثال (17)

اشتق كلمة مناسبة لملء الفراغ في كل جملة مما يلي.

- ذهب الولدُ ـــــــ . (أسرعَ)

- وقف الطالبُ ـــــــ . (احترمَ)

- يُسْتَخْدَمُ ـــــــ لتوجيه السيارة. (قادَ)

مثال (18)

اختر الكلمة المناسبة لملء الفراغ بعد تحويلها إلى مشتق مناسب.

- أسرع، احترم، قاد.

1. ذهب الولد ـــــــ إلى المدرسة.

2. انكسر ـــــــ السيارة.

3. وقف التلميذ ـــــــ للمعلم.

اختبار ملء الفراغ المعان:

هنا يطلب ملء الفراغ بكلمة مناسبة من عند الطالب ولكن يظهر أول

حرف فيها (مثال 19)، أواخر حرف (مثال 20)، أو عدد حروفها (مثال 21).

مثال (19)

املأ الفراغ بكلمة مناسبة مع التقيد بأول حرف مذكور:

• إنه جندي	جـ ـــــــ	لا يخاف.
• خالد بن الوليد	قـ ـــــــ	ذكي.
• صلاح الدين الأيوبي	حـ ـــــــ	القدسَ.

مثال (20)

املأ الفراغ بكلمة مناسبة مع التقيد بالحروف الأخيرة المذكورة:

• حماة و ـــــــ ص من مدن سوريا.

مثال (21)

املأ الفراغ بكلمة مناسبة مع التقيد بعدد الحروف المذكور بين قوسين:

• حلف شمال ـــــــ (7) حلف أوروبي أمريكي.

خلاصة:

هناك عدة طرق لقياس المفردات، بعضها إنتاجية وبعضها تعرفية. ومن هذه الطرق ملء الفراغ، الاختيار من متعدد، صورة

وبدائل، تعريف وبدائل، كلمة وتعريفات، كلمة ومعانٍ، كلمة واقتران، كلمات وحقل، وفراغات، المزاوجة، الاستعمال في جملة، الاشتقاق، وملء الفراغ المعان.

وهي عادة اختبارات موضوعية بحكم طبيعة المهارة المقاسة، إذ لا مكان للاختبار الذاتي هنا. كما أنها في الغالب اختبارات كتابية كتابية: السؤال مكتوب والجواب مكتوب، رغم أنه من الممكن استخدام وسائل شفهية.

أسئلة وتمارين (4)

ضع اختباراً يتكون من سؤال واحد وعشرة لكل نوع مما يلي:

1. ملء الفراغ بكلمة مناسبة ينتجها الطالب من عنده.

2. مرادف الكلمة بواسطة الاختيار من متعدد.

3. ضد الكلمة بواسطة الاختيار من متعدد.

4. معنى الكلمة بواسطة الاختيار من متعدد.

5. تعريف الكلمة إنتاجياً.

6. اختيار قرين الكلمة من بدائل.

7. الكلمة التي تشذ عن غيرها ضمن حقل دلالي واحد.

8. إنتاج الحقل الذي تنتمي إليه مجموعة كلمات.

9. مزاوجة كلمات ومرادفاتها.

10. مزاوجة كلمات وأضدادها.

11. مزاوجة كلمات وصفاتها.

12. ملء الفراغ إنتاجياً مع تحديد الحرف الأول.

الفصل الخامس

اختبارات القواعد

تشمل القواعد نحو اللغة وصرفها. واختبارات القواعد قد تكون إنتاجية أو تعرفية. في الإنتاجية يعطي الطالب الجواب من عنده، وفي التعرفية يتعرف على الجواب الصحيح من بين عدة إجابات.

اختبار الاختيار من متعدد:

هنا تظهر عدة إجابات (في العادة أربع) يختار الطالب الإجابة الواحدة الصحيحة من بينها (مثال 1).

مثال (1)

ضع دائرة حول حرف الجواب الصحيح:

• اسم الفاعل من (كَتَبَ) هو ــــــ

أ. كاتِب	ب. كاتَب	ج. مكتوب	د. كتابة

• رأيتُ ـــــ صديقي أمس.

أ. أبو	ب. أبا	ج. أبي	د. أبَ

اختبار ملء الفراغ:

ملء الفراغ اختبار إنتاجي، وليس تعريفاً. يمكن أن يطلب ملء الفراغ بأية كلمة مناسبة، وتكون الكلمة المحذوفة كلمة نحوية عادة، مثل حرف جر أو حرف عطف أو حرف جزم أو حرف نفي أو شرط. ويجوز أن تكون التعليمات هنا عامة أو خاصة. التعليمات العامة تطلب ملء الفراغ بكلمة مناسبة. والتعليمات الخاصة تطلب ملء الفراغ بكلمة مناسبة من نوع ما، مثلاً بحرف الجر المناسب أو حرف العطف المناسب أو أداة الشرط المناسبة كما في مثال (2).

مثال (2)

املأ الفراغ بحرف الجر المناسب:

• رغب ـــــ التعليم ولم يشأ أن يكمل دراسته.

• رغب ـــــ جمع المال، إذ كان يشعر بأنه في حاجة ماسة إلى مزيد من الأموال دائماً.

اختبار تعديل الصيغة:

هنا يطلب تعديل صيغة كلمة لتلائم الجملة (مثال 3).

مثال (3)

عَدِّل صيغة الكلمة التي بين قوسين لتناسب الجملة:

- ـــــــــ الولد أمس. (أتى)

- إنْ ـــــــــ تنجح. (درسَ)

- إنّ الله ـــــــــ (سمعَ)

- ـــــــــ صفة طيبة. (تعاونَ)

- إنه ـــــــــ قدير (كتبَ)

اختبار الاشتقاق:

هنا يطلب اشتقاق صيغة من أخرى. وهذا سؤال يختبر الجوانب الصرفية في اللغة (مثال 4).

مثال (4)

اشتق من الأفعال الآتية اسم الفاعل:

- دَرَسَ ـــــــــ

- استلقى ـــــــــ

- تطاول ـــــــــ

- طاوع ـــــــــ

ويصلح مثل هذا الاختبار للسؤال عن أنواع المشتقات المختلفة مـن مثل اسـم المكـان واسـم الزمان واسم المفعول واسم المرة واسم النوع والمصـدر واسـم الآلـة وصـيغة المبالغـة والصـفة المشبهة والفعل الماضي والفعل المضارع وفعل الأمر.

اختبار الدمج:

هنا يطلب دمج جملتين بسيطتين في جملة واحدة مركبة (مثال 5).

مثال (5)

ادمج كل جملتين في جملة واحدة:

• جاء الرجل. الرجل صديقك.

———————

• هذه حديقة. سور الحديقة عالٍ.

———————

واختبار الدمج يمكن أن تكون تعليماته عامة، أي لا تبين أداة الربط (مثال 5). ويمكن أيضاً أن تحدد التعليمات أداة الربط كما في مثال (6).

مثال (6)

ادمج كل جملتين في جملة واحدة مستخدماً أداة الربط المذكورة بين قوسين:

• هذه فتاة. أخلاق الفتاة نبيلة. (ها)

_____

• لم يدرس. لم ينجح. (لو)

_____

• اسأل عنه. يخبرونك عن مكانه. (إنْ)

_____

• قام من نومه. نام ثلاث ساعات. (بعد)

_____

• هذا هو القلم. ضاع منك أمس. (الذي)

_____

اختبار الشكل:

هنا يطلب شكل كلمة أو أكثر في جملة ما أو عدة جمل. ويمكن أن يتخذ هـذا الاختبـار عـدة أنماط:

1. اشكل آخر الكلمة فقط (مثال 7).

2. اشكل الكلمة شكلاً كاملاً، أي ضع علامات الشكل (فتحة، ضمة، كسرة، سكون) على جميـع حروف الكلمة.

3. اشكل الكلمة التي تحتها خط فقط.

4. اشكل جميع كلمات الجملة.

ومثل هذا الاختبار يقيس الجانب النحوي إذا كان الشكل لأواخر الكلمات فقط، ويقيس الجانبين النحوي والصرفي إذا كان الشكل لجميع حروف الكلمة. لاحظ أن مثل هذا السؤال قد يدخل فيه عامل الإملاء أيضاً.

مثال (7)

اشكل أواخر الكلمات التي بين قوسين مع تعديل الإملاء إذا لزم:

- أراد (شيء) آخر.

- (الطلاب) مجتهدون.

- أخوه (عليّ) أمين.

اختبار الإكمال:

هنا يطلب تكملة الجملة مع شكل التكملة (مثال 8).

مثال (8)

أكمل الجملة الآتية واشكل أواخر كلمات التكملة:

- ما تزرعْ ــــــــــــــــــــ ـــــــــــ

- أوصى الله بطاعة ــــــــــــــــــ

- على المسلمين ـــــــــــــــــــ

هنا لا يمكن فصل القواعد عن المفردات، لأنه لابد من إنتاج مفردات.

اختبار كشف الخطأ:

في مثل هذا الاختبار يقرأ الطالب الجملة ويصححها نحوياً أو صرفياً إن كانت خطأ. ويمكن أن تكون الجملة خطأ دائماً تحتاج إلى تصحيح (مثال 9) أو خطأ أحياناً (مثال 10). ويمكن أن يكون كشف الخطأ في جمل متفرقة أو في فقرة متصلة.

مثال (9)

جميع الجمل الآتية تحتوي على أخطاء نحوية. أعد كتابتها صحيحة.

- إنّ الأولاد مجتهدين.

____

- إنَّ المعلماتَ يتدربن على التدريس.

____

مثال (10)

صحح الجمل الآتية إن كانت خطأ:

- المدرسةُ جميلةُ.

____

- صارت المدرسةُ جميلةٌ.

____

اختبار الإعراب:

هنا يطلب إعراب الجملة كاملة أو بعض مفردات محددة فيها (مثال 11). وقد تكون المادة فقرة كاملة تختار منها مفردات محددة.

مثال (11)

أعرب ما تحته خط وضع الجواب في الفراغ المحدد.

1. قام احتراماً لمعلمه. ______________________

2. سار وَ النهرَ. ______________________

3. وِ الفجرِ وليالٍ عشر. ______________________

اختبار الإضافة:

هنا يطلب إضافة كلمة محددة في موقعها المناسب في الجملة.

مثال (12)

أضف الكلمة التي بين قوسين في موقعها المناسب في الجملة وأعد كتابة الجملة مع أي تغيير قد يكون ضرورياً:

• الناس يختلفون في قدراتهم. (قد)

_____

• كان الولد نائماً في الدرس.(ما)

_____

• استعار كتاباً ليقرأه (صديقه)

_____

اختبار الترتيب:

هنا يطلب إعادة ترتيب كلمات لتكوين جملة(مثال 13). ويقيس مثل هذا الاختبار قـدرة الطالب على إدراك العلاقات النحوية المحتملة بين الكلمات.

مثال (13)

أعد ترتيب هذه الكلمات لتكوين جملة مفيدة:

• الأولاد، لم، ذهب، إلى، يجدوا، الملعب، ولكنهم، أحداً.

_____

• أباه، في، وجد، الطفل، البيت.

_____

اختبار التحويل:

هنا يطلب تحويل كلمات أو جمل إلى صيغ أخرى. مثال ذلك التحويل من الماضي إلى المضارع، من المفرد إلى الجمع، من المذكر إلى المؤنث، من المبني للمعلوم إلى المبني للمجهول، من المفرد إلى المثنى، من المتكلم إلى الغائب، من الأسماء إلى الضمائر (الأمثلة 14-19).

مثال (14)

حوِّل جميع الأسماء في الفقرة الآتية (أو الجمل الآتية) إلى الضمائر المناسبة.

مثال (15)

حَوِّل جميع الأفعال إلى الماضي حيثما أمكن ذلك.

مثال (16)

حوِّل جميع الأسماء إلى صيغة الجمع حيثما أمكن ذلك.

مثال (17)

حَوِّل الأسماء التي تحتها خط إلى المثنى.

مثال (18)

حَوِّل ما تحته خط إلى المؤنث.

مثال (19)

حَوِّل الجمل الآتية من المبني للمعلوم إلى المبني للمجهول.

اختبار التصحيح:

هنا تظهر جمل، توضع خطوط تحت بعض كلماتها ويطلب تصحيح الكلمة لأنها خطأ، أو يطلب تصحيح الكلمة إن كانت خطأ (مثال 20). والطريقة الثانية أصعب من الأولى لأن على الطالب أن يقرر أولاً إن كانت الكلمة خطأ ومن ثم يصححها.

مثال (20)

صحح الكلمات التي تحتها خط إن كانت خطأ، وضع إشارة √ في الفراغ إن كانت صواباً:

• الطالبان كانا يلعبا أمس. _____ _____

• الأولاد لم يكتبون دروسهم. _____ _____

• إن تدرسوا تنجحوا. _____ _____

اختبار اختيار الخطأ:

هنا تظهر جملة توضع خطوط تحت أربع كلمات منها. ويطلب تحديد الكلمة الخطأ من بين الأربع (مثال 21). وهذا يشبه الاختيار من متعدد، ولكن هنا يختار الخطأ وليس الصواب، ثم يصحح.

مثال (21)

أي من الكلمات التي تحتها خط هي خطأ نحوي؟ وصَوِّبها في الفراغ المحدد.

• <u>أنَّ</u> الغيثَ <u>انهمر</u> أمس <u>انهماراً</u> <u>ملحوظاً</u>. ـــــــــــــــ ـــــــــــــــ

• <u>انظروا</u> <u>أمامكم</u> ولا <u>تلتفتون</u> إلى <u>الخلف</u>. ـــــــــــــــ

• رأى <u>أبيه</u> وصديقه <u>يمشيان</u> في <u>الحدائق</u>. ـــــــــــــــ

خلاصة:

تقاس القواعد باختبارات تعرفية أو إنتاجية، منها الاختيار من متعدد، ملء الفراغ، تعديل الصيغة، الاشتقاق، الدمج، الشكل، الإكمال، كشف الخطأ، الإعراب، الإضافة، الترتيب، التحويل، التصحيح، واختيار الخطأ.

وهي كما هو واضح اختبارات موضوعية، إذ لا مكان للاختبارات

الذاتية في قياس القواعد. كما أنها في العادة اختبارات كتابية كتابية: السؤال كتابي والجـواب كتابي. ولكن من الممكن أن يدخل فيها العامل الشفهي.

أسئلة وتمارين (5)

صمم الاختبارات الآتية لقياس قواعد اللغة مع بيان مكان الإجابة وإعطاء تعليمات واضحة لكل سؤال:

1. ضع سؤالاً لاختيار من متعدد من خمسة بنود يركز على حروف الجر.

2. ضع سؤالاً لملء الفراغ من خمسة بنود يركز على الأسماء الخمسة.

3. ضع سؤالاً لتعديل الصيغة من خمسة بنود يركز على اسم الفاعل واسم المفعول والمصدر.

4. ضع سؤالاً للاشتقاق من خمسة بنود يركز على اشتقاق صيغة المبالغة والصفة المشبهة واسم المكان.

5. ضع سؤالاً للدمج من خمسة بنود يركز على استخدام أدوات الشرط.

6. ضع سؤالاً للشكل من خمسة بنود يركز على أواخر الكلمات.

7. ضع سؤالاً للإكمال من خمسة بنود.

8. ضع سؤالاً لكشف الخطأ من خمسة بنود يركز على الأفعال.

9. ضع سؤالاً للإعراب من خمسة بنود يركز على إعراب الحروف المتنوعة.

10. ضع سؤالاً للإضافة من خمسة بنود يركز على الصفات.

11. ضع سؤال ترتيب من خمسة بنود.

12. ضع سؤال تحويل من خمسة بنود يركز على المبني للمعلوم والمبني للمجهول.

13. ضع سؤال تصحيح من خمسة بنود يركز على الأفعال.

14. ضع سؤال اختيار الخطأ من خمسة بنود.

الفصل السادس

اختبارات الاستماع

إن اللغة المسموعة قد تكون أحياناً أصعب من اللغة المكتوبة؛ وذلك لعدة أسباب منها:

1. سماع اللغة قد يصاحبه ضجيج يعيق الاستماع الجيد. وهذه حالة لا تؤثر على القارئ بالقوة ذاتها.

2. الاستماع مرتبط بقدرة السمع التي تتفاوت من شخص لآخر، في حين أن القراءة مرتبطة بالقدرة البصرية التي تسهل معالجتها في أغلب الأحيان إن كان بها ضعف.

3. في جو المحادثة الطبيعية، لا توجد فرصة للمستمع ليسمع مرة أخرى ما فاته لأن المتكلم يقول ما يريد مرة واحدة في العادة، في حين أن القارئ يستطيع أن يعيد قراءة الجملة التي لم يفهمها عدة مرات.

4. في المحادثة الطبيعية أو حالات الاستماع، لا يتحكم المستمع في سرعة المتكلم عادة، ولذا قد يفوته الكثير نتيجة عدم مواكبة الاستماع لسرعة الكلام، في حين أن القارئ هو وحده الذي يتحكم في سرعة القراءة.

5. في حالة الاستماع، يقع جزء كبير من قدرة السامع على الفهم على عاتق المتكلم، فإن لم يتكلم الأخير بشكل واضح وبسرعة معقولة فسيؤثر ذلك سلبياً على السامع، في حين أن القراءة لا تتعرض عادة إلى تدخل الكاتب بالطريقة ذاتها.

كما أن مكونات اللغة المسموعة تختلف عن مكونات اللغة المكتوبة وإدراك الأولى يختلف عن إدراك الثانية. فاللغة المسموعة فيها عناصر صوتية عديدة وعناصر النبر والتنغيم ووضوح النطق ووضوح التمييز السمعي، وهي عناصر تخلو منها اللغة المكتوبة.

ولقياس مهارات الاستماع المختلفة، هناك أنواع عديدة من الاختبارات سيأتي عرض لها فيما يلي.

اختبار الصورة والكلمات:

توجد صورة أمام الطالب وبجانبها رقم البند المتسلسل. المعلم يقول أربع كلمات، واحدة منها تطابق الصورة. الطالب يكتب بجانب الصورة رقم

الكلمة المطابقة: 1، 2، 3، 4. أي هل الكلمة المطابقة للصورة هي الكلمة 1، 2، 3 أم 4؟

الطالب هنا يرى الصورة فقط. ويسمع الكلمات الأربع دون أن يقرأها. ويجب أن تكون الكلمات متقاربة صوتياً، مثلاً سائد، صائد، صائت سائق، (والصورة صورة لصيَّاد). الجواب هو صائد. ويقيس مثل هذا الاختبار قدرة التمييز بين الأصوات المتقاربة والكلمات المتشابهة.

اختبار الصورة والكلمة:

هنا تظهر أمام الطالب عدة صور أرقامها أ، ب، ج، د. ويسمع الطالب كلمة واحدة. وعليه أن يختار الصورة التي تطابق الكلمة. يقيس مثل هذا الاختبار قدرة الطالب على تمييز الأصوات (الفونيمات) وتمييز الكلمات.

اختبار الكلمة المختلفة:

هنا يقول المعلم ثلاث كلمات، اثنتان متطابقتان (أي مكررتان) وواحدة مختلفة. وعلى الطالب تحديد الكلمة المختلفة. كل مجموعة كلمات لها رقم متسلسل، ولدى الطالب ورقة إجابة عليها الأرقام المتسلسلة ذاتها (مثال 1). والطالب أمام كل رقم أ، ب، أو ج؛ مثلاً يكتب الطالب (أ) إذا كانت الكلمة المختلفة هي الكلمة الأولى في المجموعة الثلاثية.

مثال (1)

سأقول ثلاث كلمات، اثنتان متطابقتان لفظاً وواحدة مختلفة عنهما في اللفظ. ضع أ، ب، أو ج مقابل رقم كل مجموعة لبيان الكلمة المختلفة.

1. سَائر سَائر صَائر
2. كالَ قالَ كالَ
3. رَمَدَ رَمَضَ رَمَضَ

وتكون ورقة الإجابة هكذا بعد كتابة الجواب:

1. ج
2. ب
3. أ

ويمكن أن تكون ورقة الإجابة هكذا بعد كتابة الجواب:

.1	أ	ب	ج
.2	أ	ب	ج
.3	أ	ب	ج

وتطلب التعليمات في هذه الحالة الأخيرة وضع دائرة حول حرف الجواب الصحيح.

اختبار الكلمتين المتطابقتين:

هذا الاختبار مشابه لاختبار "الكلمة المختلفة"، ولكن يطلب هنا بيان

الكلمتين المتطابقتين، بدلاً من الكلمة المختلفة (مثال 2).

مثال (2)

ستسمع في كل مجموعة ثلاث كلمات. ضع دائرة حول حرفي الكلمتين المتطابقتين من حيث اللفظ.

1. دَلَّ، دَلَّ، ضَلَّ

2. ذَلَّ، ظَلَّ، ذَلَّ

3. أماتَ، أماتَ، أماطَ

وتظهر ورقة إجابة الطالب هكذا بعد اختيار الجواب:

.1	أ	ب	ج
.2	أ	ب	ج
.3	أ	ب	ج

اختبار الجملة المختلفة:

هنا يقول المعلم ثلاث جمل، اثنتان متطابقتان وواحدة مختلفة قليلاً، وعلى الطالب اختيار الجملة المختلفة. الطالب يستمع للجمل ولا يراها (مثال 3).

مثال (3)

ستسمع ثلاث جمل، اثنتان متطابقتان تماماً، وواحدة مختلفة. ضع دائرة حول حرف الجملة المختلفة:

؟؟1. أ. هناك صائم في الطريق.
ب. هناك صائم في الطريق.
ج. هناك سائم في الطريق.
2. أ. هل رأيت الباقي بعد ذلك؟
ب. هل رأيت الباكي بعد ذلك؟
ج. هل رأيت الباقي بعد ذلك؟
وتكون ورقة الإجابة هكذا بعد كتابة الجواب:

.1	أ	ب	ج
.2	أ	ب	ج

اختبار الجملتين المتطابقتين:

يماثل هذا الاختبارُ اختبارَ الجملة المختلفة، ولكن يطلب هنا اختيار الجملتين المتطابقتين، بدلاً من اختيار الجملة المختلفة (مثال 4).

مثال (4)
ستسمع ثلاث جمل اثنتان متطابقتان تماماً وواحدة مختلفة قليلاً في إحدى الكلمات. ضع دائرة حول حرفي الجملتين المتطابقتين.

1. أ. هناك شطط كبير هذه الأيام.
ب. هناك شتات كبير هذه الأيام.
ج. هناك شتات كبير هذه الأيام.
2. أ. إنه واقع تحت تأثير الهواء.
ب. إنه واقع تحت تأثير الهوى.
ج. إنه واقع تحت تأثير الهواء.

وتكون ورقة الإجابة الكتابية لدى الطالب هكذا بعد كتابة الجواب:

1.	أ	ب	ج
2.	أ	ب	ج

اختبار الكلمة المسموعة:

هنا ينطق المعلم كلمة واحدة. وأمام الطالب تظهر أربع كلمات مكتوبة على ورقة الإجابة. يضع الطالب دائرة حول الكلمة التي سمعها. وتكون الكلمات هنا متقاربة في النطق. ويقصد هنا اختبار القدرة على التمييز السمعي.

مثال (5)
سأنطق كلمة واحدة. أمامك على ورقة الإجابة أربع كلمات. ضع دائرة حول الكلمةالتي تسمعها.

؟؟1. كليل
2. صليل
3. زوال
وتكون ورقة الإجابة لدى الطالب بعد الإجابة هكذا:

.1	قليل	كليل	جليل	دليل
.2	صليل	سليل	سليم	ذليل
.3	سؤال	زلال	روان	زوال

اختبار الثنائيات:

هنا ينطق المعلم كلمتين متطابقتين أحياناً ومختلفتين أحياناً. وعلى الطالب أن يميز التطابق أو الاختلاف (مثال 6).

مثال (6)
ستسمع مني كلمتين في مرة. مَيِّزْ هل هما متطابقتان أم مختلفتان. ضع دائرة حول حرف الاختيار.
1. محاضرات، مهاترات
2. تاريخ، تأريخ
3. استشارات، استشارات
4. سال، سال
5. ضَلَّ، ظَلَّ

وتكون ورقة الإجابة هكذا بعد كتابة الجواب:

1.	أ. متطابقتان	ب. مختلفتان
2.	أ. متطابقتان	ب. مختلفتان
3.	أ. متطابقتان	ب. مختلفتان
4.	أ. متطابقتان	ب. مختلفتان
5.	أ. متطابقتان	ب. مختلفتان

اختبار الصوت المسموع:

يتم التركيز هنا على الأصوات المتشابهة، مثل / س، ز، ص /، إذ لا معنى لتمييز /ت/عن/ على سبيل المثال، لأنهما صوتان مختلفان تماماً. هنا يقوم المعلم كلمة في كل مرة. وتحتوي كل كلمة على أحد الصوتين موضع الاختبار. يدعى الصوت الأول الصوت (1) والآخر الصوت (2). ويطلب من الطالب تحديد الصوت الذي يسمعه: (1) أو (2). ويمكن الصوت الذي يسمعه مباشرة دون الاستعانة بأرقام (مثال 7).

في كل كلمة ستسمع الصوت س أو ص. بَيِّن الصوت الذي تسمعه في كل مرة وضع (س) أو (ص) في الفراغ.
1. زوال   2. سؤال   3. زَلَّ

مثال (7)		
4؟؟. سَلَّ	5. زائل	6. سائل

وتكون ورقة الإجابة بعد الإجابة هكذا:

1. ز.	2. س.	3. ز.
4. س	5. ز	6. س.

اختبار المقطع المنبور:

من المعروف أن لكل كلمة منفردة نبرة رئيسية على أحد مقاطعها. وهناك عدة طرق لاختبار معرفة الطالب بالنبرات وتمييزه لها: قد يقرأ الطالب الكلمات بنفسه ويقرر موقع النبرة (مثال 8) أو يستمع إلى المعلم وهو ينطق الكلمات (مثال 9).

مثال (8)

اقرأ الكلمات التالية وضع دائرة حول المقطع ذي النبرة الرئيسية:

1. مَدْ + رَ + سَ + ةٌ
2. سا + ذ + جَ + ةٌ
3. طا + ووس
4. مَـ + دا + رِسْ

مثال (9)

استمع لي وأنا أقرأ الكلمات الآتية وضع دائرة حول المقطع المنبور، أي المقطع ذي النبرة الرئيسية:

اختبار الكلمة المنبورة:

هنا يستمع الطالب إلى جمل من المعلم أو شريط تسجيل ويضع خطاً أو دائرة حـول الكلمـة المنبورة في الجملة التي يراها أمامه في ورقة الإجابة.

مثال (10)

سأقرأ الجمل التي أمامك على الورقة. استمع إليّ جيداً وضع دائرة حول الكلمة الوحيدة التي أخـذت النبرة الرئيسية في كل جملة:

1. الطالب المجتهد يعمل واجباته يومياً.
2. الطالب المجتهد يعمل واجباته يومياً.
3. الطالب المجتهد يعمل واجباته يومياً.

لاحظ أنه يمكن للمعلم أن ينطق أية كلمة في الجملة بنبرة رئيسية لتوكيـد أهميتهـا في تلـك الجملة (مثال 10).

اختبار نوع الجملة:

هنا يستمع الطالب إلى جمل من المعلم أو شريط تسجيل، ويطلب منه أن يعرف هل الجملة إخبارية أم استفهامية أم تعجبية بالاستماع إلى نغمة

الجملة (مثال 11). هنا الطالب لا يقرأ الجملة بل يستمع إليها فقط.

مثال (11)
استمع إلى نغمات الجمل الآتية التي سأقرؤها لك، وقرر هل هي إخبارية أم استفهامية أم تعجبية، وضع الجواب أمام رقم الجملة:
1. هل هو طبيب؟
2. هو طبيب.
3. هو طبيب!
ورقة الطالب ستبدو هكذا بعد إجابته:
1. استفهامية
2. إخبارية
3. تعجبية

اختبار الصورة والجملة:

هنا تظهر على ورقة الطالب صورة وتحتها أرقام للجمل. المعلم يقول الجملة من ورقة خاصبة به هو ويستمع الطالب إليها دون أن يقرأها ليقرر هل هي صحيحة (√) أم خطأ (×) حسب الصورة التي يراها (مثال 12).

ويمكن أن تكون الصورة كبيرة جداً تعرض أمام الطلاب كلهم على الحائط الأمامي لغرفة الصف أو على شاشة خاصة.

مثال (12)

انظر إلى الصورة واستمع إلى الجمل التي أقولها. وضع أمام رقم الجملة إشارة (√) إذا كانت الجملة مطابقة للصورة أو إشارة (×) إذا كانت غير مطابقة.

1. في الصورة سيارتان ودراجة واحدة.
2. في الصورة حصان وشجرتان.
3. الحصان خلف السيارة.
4. السيارة واقفة دون سائق فيها.

ورقة الطالب ستبدو هكذا بعد كتابته الجواب:

1. √
2. ×
3. √
4. ×

اختبار الصورة والجملة:

هنا تظهر مجموعة من أربع صور في ورقة إجابة الطالب، لكل صورة رمز يصاحبها (مثلاً أ، ب، ج، أو د). المعلم يقول جملة

واحدة يستمع إليها الطالب ولكل جملة رقم، ويظهر الرقم وحده على ورقة الإجابة. الطالب يستمع إلى جملة رقم (التي يقولها المعلم)، ويكتب الطالب إزاء الرقم 1 رمز الصورة التي تنطبق عليها الجملة، أي يختار صورة من بين الصور الأربع (مثال 13).

مثال (13) استمع إلى الجملَ التي سأقولها وانظر إلى الصور الأربع التي أمامك وهي ذات الرموز أ، ب، ج، د. اكتب أمام رقم الجملة رمز الصورة التي تتوافق مع الجملة التي تسمعها. وتظهر ورقة إجابة الطالب هكذا بعد كتابته الجواب: 1. أ 2. ج
3. أ 4. د 5. ب

اختبار رسم الأشكال:

هنا يقول المعلم جملاً بسيطة ينفذها الطالب عن طريق الرسم (مثال 14). وتكون بسيطة في محتواها قابلة للرسم حسب مستوى الطلاب. والهدف من هذا الاختبار قياس القدرة على فهم المسموع. ويجب ألا يتطلب قدرة خاصة على الرسم، وإلاّ كان الاختبار غير صادق، إذ

هدفه قياس فهم المسموع وليس قياس القدرة على الرسم.

مثال (14)

استمع إلى التعليمات التي أقولها ونَفِّذْ التعليمات في شكل ترسمه.

المعلم يقول:

1. دائرة داخلها مثلث.
2. مربع داخله دائرة.
3. مثلث بجانبه مربع.
4. دائرة داخل مستطيل.

والطالب يجيب هكذا كتابة:

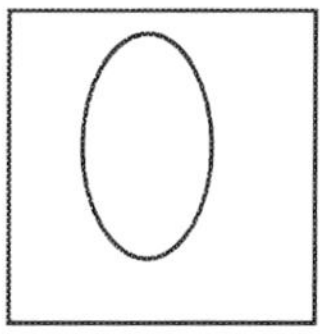

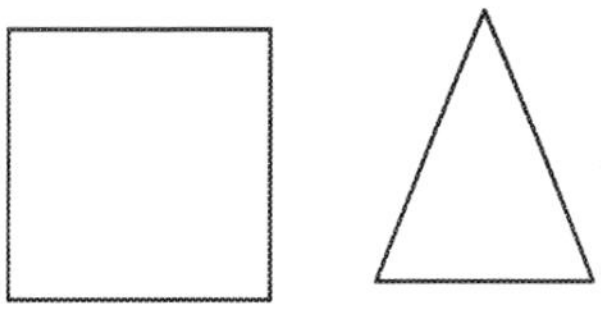

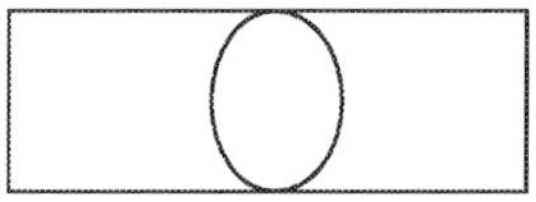

اختبار الخريطة:

هنا تظهر في ورقة الإجابة خريطة شوارع لمدينة ما.يعطي المعلم تعليمات سمعية يتتبعها الطالب حتى يصل إلى المكان المنشود (مثال 15). ويأخذ درجة كاملة إذا وصل الهدف أو صفراً إذا ضلَّ عنه، لأن ضلاله يعني عدم فهمه للتعليمات.

مثال (15)

انظر إلى الخارطة التي أمامك، وتتبع التعليمات على الخارطة، وبَيِّن خط السير على الخارطة حسب التعليمات التي تسمعها.

1. ابدأ من مدرسة المشرق.
2. سر إلى الشَّمال حتى تقاطع الطرق.
3. اذهب إلى الغرب حتى نهاية الشارع المغلق.
4. توجه إلى الجنوب حتى باب مدينة الملاهي.

اختبار تكملة الصورة:

هنا تظهر صورة غير كاملة، مثلاً صورة شارع فقط. الطالب يستمع لتعليمات يضيفها إلى الصورة (مثال 16).

مثال (16)

انظر إلى الصورة. استمع إلى التعليمات. أضف ما تسمع إلى الصورة باستخدام أشكال تقريبية:

1. أربعة أشجار على الرصيف الأيمن للشارع.
2. سيارتان تقفان على يسار الشارع.
3. بناية على نهاية يمين الشارع.
4. مدرسة على بداية يسار الشارع.

ويجـدر أن يلاحـظ أن مثل هـذه الاختبـارات تصـلح مـع الصفوف صغيرة العـدد أكـثر مـن صلاحيتها مع الصفوف كبيرة العدد. ويجب أن تتناسب سرعة إعطاء التعليمات مع مسـتوى الطالب وسرعة استجابته للتعليمات.

اختبار الجملة والمعاني:

هنا المعلم يقول جملة. وتظهر على ورقة الطالب ثلاثة أو أربعة بدائل مكتوبة، وعلى الطالب أن يختار منها المعنى المناسب للجملة (مثال 17).

مثال (17)

استمع إلى الجملة ثم اختر المعنى المناسب لها من بين البدائل الأربعة. ضع دائرة حول حرف الجملة التي تختارها.

المعلم يقول: 1. لو درس إبراهيم لنجح.

ورقة الطالب تظهر هكذا بعد الإجابة:

1. أ. إبراهيم درس ولكنه لم ينجح.

ب. إبراهيم نجح ولكنه لم يدرس.

ج. إبراهيم نجح ودرس.

د. إبراهيم لم يدرس ولم ينجح.

اختبار السؤال والإجابات:

هنا يسأل سؤالاً شفهياً. ويختار الطالب أحد البدائل المكتوبة المناسبة (مثال 18).

مثال (18)

استمع إلى السؤال. واختر من بين البدائل الأربعة الجواب المناسب للسؤال. وضع دائرة حول حرف الجواب المناسب.

المعلم يقول: متى سافر أخوك؟

ورقة الطالب تبدو هكذا بعد الإجابة:

أ. نعم، أمس.

ب. الساعة السادسة.

ج. بالطائرة.

د. بالقطار.

اختبار النص المسموع والأسئلة:

يستمع الطلاب إلى نص يقرؤه المعلم أو الفاحص أو نص مسجل على شريط سمعي أو شريط مرئي. وبعد ذلك يجيبون عن الأسئلة المكتوبة في ورقة الامتحان. وقد يكون النص قصيراً، كأن يكون فقرة واحدة، أو طويلاً يتكون من عدة فقرات. وقد تكون الأسئلة من نوع الاختيار من متعدد أو من نوع الأسئلة المفتوحة التي تتطلب إنتاج الجواب (مثال 19) أو من نوع الصواب والخطأ.

مثال (19)

استمع إلى النص التالي مرة واحدة. ثم أجب عن الأسئلة المكتوبة في ورقة الأسئلة:

1. ماذا فعل عليّ بعد أن سمع الخبر؟
   _____

2. لماذا كان عليّ عاتباً على صديقه؟
   _____

وتواجه المصحح هنا مشكلة في التصحيح: هل يحاسب الطالب على محتوى جوابه، أي على استيعابه فقط، أم على صحة اللغة أيضاً، أم كليهما؟ على المعلم أن يقرر سياسة التدريج ويلتزم بها مع جميع الطلاب.

اختبار الأسئلة والنص المسموع:

يجوز قلب الترتيب المألوف. في الاختبار السابق، يسبق سماعُ النص قراءةَ الأسئلة. في هذا الاختبار، يطلع الطالب على الأسئلة أولاً، أي يقرؤها في ورقة الاختبار، ثم يستمع للنص بعد ذلك (مثال 20).

مثال (20)

اقرأ الأسئلة التي في ورقة الاختبار، وستسمع بعد قراءتها نصاً تجد فيه إجابات عن تلك الأسئلة.

ومن الأفضل أن يتم سماع النص مرة واحدة فقط، لأن هذا هو الأمر الطبيعي في واقع الحياة. عندما نتحادث مع شخص ما، فإننا نسمع حديثه مرة واحدة، ولا نطلب منه أن يعيد كل جملة مرتين مثلاً. هذا بشرط أن يكون الإسماع واضحاً والنطق سليماً والسرعة معقولة. والأمر يستدعي مزيداً من الحيطة إذا كان مصدر النص شريط تسجيل، هنا لابد من الحرص على وضوح التسجيل والملاءمة الصوتية السمعية. فإذا لم يكن التسجيل واضحاً أو كانت صوتيات قاعة الامتحان غير مناسبة، فالأفضل أن يكون النص المعلم ذاته أو الفاحص.

اختبار الصوت الأخير:

يمتاز الصوت الأخير في الكلمة عن سواه بأنه أقل إسماعاً لأنه قريب

من نهاية الكلام، أن يتبعه صمت. ولذا يمكن قياس سماعه في الاختبارات الاستماعية. هنا يقول المعلم كلمات آخرها أحد صوتين، مثلاً/س/أو/ص/، ويطلب من الطالب تحديد الصوت الأخير (مثال 21).

مثال (21)

استمع إلى أواخر الكلمات التي سأقولها وحدِّد هل تسمع/س/أو/ص/. اكتب الصوت أمام الرقم المكتوب أمامك حسب الرقم الذي تسمعه مع الكلمة. يقول المعلم:

1. رأس
2. منقوص
3. فحص
4. قاموس

وتكون ورقة الإجابة هكذا بعد كتابة الطالب للإجابة:

1. س
2. ص
3. ص
4. س

اختبار الكلمة الأولى:

هنا يقول المعلم جملاً متنوعة يطلب من الطلاب أن يحددوا نوع الكلمة الأولى من بين عدة أنواع (مثال 22). مثلاً، هل هي اسم، فعل، أم حرف؟ هل هي فعل ماض. مضارع، أم أمر؟ هل هي اسم مفرد، مثنى، أم جمع؟

مثال (22) استمع إلى الجمل التي سأقولها. ودقّق في الكلمة الأولى من كل جملة. واكتب أمام الرقم هل الكلمة الأولى في الجملة اسم أم فعل أم حرف.
1. الولد الذي ذهب مع أبيه هو علي. 2. في التأني السلامة. 3. لابد مما ليس منه بد. 4. سمع أمراً غريباً. وتكون ورقة إجابة الطالب بعد الإجابة هكذا: 1. اسم 2. حرف 3. حرف 4. فعل

اختبار الكلمة الأخيرة:

هذا الاختبار يماثل اختبار "الكلمة الأولى". الفرق فقط في موقع الكلمة

موضع التركيز. هنا يكون التركيز على الكلمة الأخيرة في الجملة (مثال 23).

مثال (23)

استمع إلى الجمل التي سأقوله. ودقق في الكلمة الأخيرة من كل جملة. واكتب أمام الرقم هل الكلمة الأخيرة مفرد أم مثنى أم جمع.

المعلم يقول:

1. إن الله مع الصابرين.
2. كان أبوه مجاهداً.
3. كانت تحلق في السماء طائرتان.

وتظهر ورقة إجابة الطالب هكذا بعد الإجابة:

1. جمع
2. مفرد
3. مثنى

اختبار الأوامر والحركات:

من الممكن قياس الاستيعاب السمعي عن طريق إعطاء أوامر شفهية يقوم الطالب بتنفيذها حركياً (مثال 24). ويمكن أن يتم اختبار الطلاب هنا فردياً أو على شكل مجموعات صغيرة كل مجموعة تتكون من بضعة طلاب كي يتلقوا أوامر واحدة ينفذونها معاً اختصاراً للوقت.

مثال (24)
استمع إلى الأوامر التي سأقولها. ونفذها فوراً.
1. ضع يدك اليمنى على عينك اليسرى.
2. ضع يدك في جيبك.
3. افتح كتابك ثم أغلقه.
4. سر باتجاه الباب ثم عد إليّ.

اختبار كتابة الأرقام:

هل يفهم الطالب الأرقام حين يسمعها؟ هنا يقول المعلم (الفاحص) أرقاماً أو تواريخ أو أسعاراً أو أوقاتاً. ويكتب الطالب حسبما يسمع (مثال 25). فإذا كان فهمه للرقم صحيحاً، تكون كتابته في العادة صحيحة.

مثال (25)
اكتب الأرقام التي تسمعها رقمياً.
يقول المعلم:
1. ألف وتسمع مئة وأربع وعشرون
2. مئتان وتسعة
3. ألفان وخمس مئة وواحد
وتكون ورقة إجابة الطالب هكذا بعد كتابته الجواب:

1924 .1

209 .2

2501 .3

اختبار الموضوع العام:

هنا يسمع الطالب جملة أو جملتين أو أكثر، وعليه أن يعرف ويكتب الموضوع العام لما يسمع (مثال 26). ويمكن أن يختار أحد هذه الموضوعات (على سبيل المثال): سياسة، اقتصاد، تربية، تاريخ، علوم طبيعية. وهذا الاختبار يقيس مدى استيعاب الطالب لما يسمع ولو بشكل عام.

مثال (26)

ستسمع جملة أو اثنتين في كل مرة. اكتب موضوعها باختيار واحد من الموضوعات الآتية: دين، تربية، علوم طبيعية، سياسة، اقتصاد.

يقول المعلم:

1. لم تتوصل المحادثات بين الحكومتين إلى أية نتيجة.
2. إن الله خبير بالعباد.
3. سيتحسن معدل النمو في العام القادم.

وتكون ورقة إجابة الطالب هكذا بعد كتابة الإجابة:

1. سياسة
2. دين
3. اقتصاد

اختبار حفظ المسموع:

هنا يستمع الطالب إلى جملة واحدة أو اثنتين دفعة واحدة. ويطلب منه كتابة ما سمع. ويأخذ علامة كاملة إذا كانت الجملة كاملة دون نقص أو أخطاء. ويأخذ دون ذلك إذا كانت الجملة ناقصة أو فيها أخطاء نحوية. وينتظر المعلم قليلاً قبل أن ينتقل إلى الجملة التالية ريثما يكتب الطلاب الجواب.

اختبار الكلام السريع:

ما قدرة الطالب على الاستماع إلى كلام سريع نسبياً؟ هنا يقرأ الفاحص بسرعة أو يستمع الطلاب إلى شريط عليه مادة مسجلة مسرعة. ثم تأتي أسئلة استيعاب من نوع الصواب والخطأ أو الاختيار من متعدد أو الأسئلة المفتوحة.

اختبار الاستماع المشوش:

ما قدرة الطالب على الاستماع تحت ظروف الضجيج؟ هنا يستمع الطلاب إلى شريط مسجل مع مستوى معقول من الضجة المسجلة مع الكلام ذاته. ثم تأتي أسئلة الاستيعاب المعتادة. ومن الواضح أنه كلما زادت القدرة اللغوية للطالب زادت قدرته على الاستيعاب تحت ظروف الضجة.

خلاصة:

اختبارات الاستماع موضوعية وليست ذاتية، وهـي بطبيعتها تعرفية في الغالب وليست إنتاجية. والأسئلة فيها من الغالب شفهية يستمع الطالب إليها ويجيب شفهياً أو كتابياً. وتهدف إلى قياس فهم المسموع أو قياس تمييز المسموع.

وتتخذ اختبارات الاستماع أشكالاً عديدة. منها اختبار الصورة والكلمات، اختبار الصور والكلمة، اختبار الكلمة المختلفة، اختبار الكلمتين المتطابقتين، اختبار الجملة المختلفة، اختبار الجملتين المتطابقتين، اختبار الكلمة المسموعة، اختبار الثنائيات، اختبار الصوت المسموع، اختبار المقطع المنبور، اختبار الكلمة المنبورة، اختبار نوع الجملة، اختبار الصورة والجملة، اختبار الصور والجملة، اختبار رسم الأشكال، اختبار الخريطة، اختبار تكملة الصورة، اختبار الجملة والمعاني، اختبار السؤال والإجابات، اختبار النص المسموع والأسئلة، اختبار الأسئلة والنص المسموع، اختبار الصوت الأخير، اختبار الكلمة الأولى، اختبار الكلمة الأخيرة، اختبار الأوامر والحركات، اختبار كتابة الأرقام، اختبار الموضوع العام، اختبار حفظ المسموع، اختبار الكلام السريع، واختبار الاستماع المشوش.

وبالطبع، يمكن للمعلم المبدع أن يبتكر أشكالاً عديدة من الاختبارات. الأمر يتطلب فقط استعداداً إبداعياً لدى المعلم مع قليل من

الخيال وقسط مناسب من الخبرة.

ويلاحظ أن اختبارات الاستماع تقيس فيهم ما يسمع، سواء أكان المسموع كلمة أم جملة أم نصاً قصيراً أم نصاً طويلاً. وقد تقيس اختبارات الاستماع القدرة على تمييز ما يسمع سواء أكان المسموع فونيماً أم كلمة أم جملة.

أسئلة وتمارين (6)

جَهِّزْ اختباراً من عشرة بنود لكل نوع من الأنواع الآتية لقياس الاستماع:

1. الكلمة المختلفة

2. الكلمتان المتطابقتان

3. الكلمة المسموعة

4. الثنائيات

5. المقطع المنبور

6. رسم الأشكال

7. سؤال وإجابات

8. نص مسموع وأسئلة

الفصل السابع

اختبارات الكلام

كثيراً ما يهمل المعلمون اختبارات الاستماع واختبارات الكلام لأن مهارتي الاستماع والكلام مهملتان في الأنشطة الصفية اليومية. التركيز حالياً في معظم الصفوف على مهارتي القراءة والكتابة عند التدريس وعلى اختبارات القراءة أيضاً عند الاختبار. وهذا نقص واضح لابد من إصلاحه.

ولاشك أن هناك صعوبة في إجراء اختبارات الكلام وفي تقييم هذه المهارة، حيث إنها تتطلب في العادة اختبارات فردية مما يستغرق وقتاً طويلاً. كما أن درجة الاختبار الكلامي ستكون قريبة من الذاتية بعيدة عن الموضوعية في العديد من الحالات بسبب كثرة العوامل ذات العلاقة. عندما يتكلم الطالب هناك عوامل عديدة جديرة بالمراقبة: النطق والتنغيم والصحة النحوية والمفردات والنبر والوضوح. وهناك عدة أنواع لاختبارات الكلام سنذكر أهمها هنا.

اختبار القراءة الجهرية:

بعض المعلمين يطلب من كل طالب أن يقرأ فقرة مختلفة عند اختبار القراءة الجهرية. وهـذا غير عادل، إذ يستوجب أن يقرأ جميع الطلاب الفقرة ذاتها من أجل قياسهم جميعاً بمقياس واحد. كما أن بعض المعلمين يستمع للقارئ ويضع علامة له على نحو مزاجي.

ولجعل هذا الاختبار موضوعياً، من الأفضل أن يقرأ جميع الطلاب الفقرة ذاتها قراءة جهرية، كل على انفراد، كيلا تتكرر القراءة أما الطلاب الذين يؤدون الاختبار لاحقاً فيتعلمون في أثناء الاختبار من أداء سواهم، فيقع ظلم على الطلاب الذين يقرأون أولاً. كما يتوجب هنا أن يركز الفاحص على كلمات معينة أو نقاط معينة، مثلاً عشر نقاط أو عشر كلمات. وبذلك تتحقق الموضوعية والعدل، إذ يقاس الطلاب جميعاً بالمقياس ذاته.

والنقاط موضع التركيز في مثل هذا الاختبار يمكن أن تكون نبرة مقطع ما أو نغمة في آخر جملة تعجب أو نغمة استفهام أو نغمة إخبارية أو نطق كلمة ما. ويجري التركيز عادة على كلمات فيها مشكلات صوتية محتملة، مثل نطق/ث/،/ظ/،/ذ/،/ج/،/ق/ التي ينطقها بعض الطلاب نطقاً غير صحيح متأثرين باللهجة العامية، كأن ينطقون /ث/كأنها/س/،/ذ/كأنها/ز/،/ق/كأنها/أ/.

اختبار الأسئلة المكتوبة:

هنا يرى الطالب أسئلة مكتوبة، ثم يطلب منه فردياً أن يجيب عنها شفهياً.

اختبار الإعادة الشفهية:

هنا يطلب من الطالب أن يقول ما يسمع. ويجوز أن يكون المصدر السمعي المعلـم نفسـه أو شريط تسجيل. ويمكن أن تكون المادة المسموعة كلمات (مثال 1) أو عبارات أو جملاً. كـما يمكن أن يكون التركيز على النطق أو النبر أو التنغيم.

مثال (1)

أعد شفهياً الكلمات التي تسمعها من الشريط:

1. جمال، كمال
2. سَلَّى، صَلَّى
3. ضَمَّ، طَمَّ

اختبار التحويل:

هنا يطلب من الطالب أن يحوِّل الجمل التي يسمعها أو يقرؤها من شكل إلى آخر، مثلاً، مـن الإثبات إلى النفي، من الإخبار إلى الاستفهام،

من المبني للمعلوم إلى المبني للمجهول (مثال 2). ويعطي الطالب الجواب شفهياً.

مثال (2)
حَوِّل الجمل التي تسمعها من الشريط من المبني للمعلوم إلى المبني للمجهول. أعط الجواب شفهياً.
1. استأذنَ الموظفُ الرئيسَ بالمغادرة.
2. دفعَ جميعَ ديونِه.
3. ألَّفَ الكاتبُ عدةَ كتب.

اختبار الأسئلة عن صورة:

تُعْرَضُ على الطالب صورة يطلب منه أن يعلق عليها بحديث حر. مثلاً، اشرح ما ترى في هـذه الصورة. ويجوز أن يكون تعليقه موجهاً، أي عن طريق الإجابة عن أسئلة محددة كما في مثال (3).

مثال (3)
انظر إلى الصورة وأجب عن هذه الأسئلة شفهياً.
أ. ماذا ترى أمام الشجرة؟
ب. أيهما يسبق في الصورة: الدراجة أم السيارة؟

ج. كم سيارة ترى في الصورة؟؟
د. ماذا يفعل الأطفال تحت الشجرة؟
هـ كم برتقالة على الشجرة؟

اختبار المحاورةَ:

إذا أردنا قياس قدرة الطالب على الأداء الكلامي، يمكن أن نشرك طالبين أو أكثر في حوار كلامي عن موضوع معين أو ضمن موقف معين. هنا يأخذ طالب دور الوالد مثلاً وطالب آخر دور الابن ويتحاوران حول موضوع حياتي ما.

اختبار المقابلة الحرة:

هنا يقابل المعلم الطالب على انفراد ويوجه إليه أسئلة غير محددة مسبقاً، أي تتوالى الأسئلة حسبما يسوقها مسار المقابلة (مثال 4). ويعتمد التقييم على طلاقة الطالب والصحة اللغوية والنطقية لما يقول.

مثال (4)
أ. ما اسمك؟
ب. ما هواياتك، يا يوسف؟
ج. ما المشكلات التي تواجهك في الدراسة؟
د. ما الموضوعات التي تحبها؟ ولماذا؟

اختبار المقابلة الوجهّة:

هنا يكون المعلم قد أعد أسئلة محددة من قبل. وتسير المقابلة وفقاً للأسئلة المعدة مسبقاً. وفي هذه الحالة، تكون الأسئلة موحدة لجميع الطلاب؛ وهذا يخالف المقابلة الحرة حيث تختلف الأسئلة من طالب إلى آخر حسب المسار الحر للمقابلة.

اختبار التعبير الحر:

هنا يطلب المعلم من الطالب أن يتكلم لمدة خمس دقائق (مثلاً) في موضوع يحدده له. مثلاً، تكلم عن الحرب والسلام أو الديمقراطية أو الامتحانات أو الحياة والدين. ومن الجائز أن يعطى الطالب فرصة لاختيار موضوع يفضله من بين عدة موضوعات.

اختبار الأسئلة عن خريطة:

هنا يستعين المعلم بخريطة جغرافية أو خريطة سياسية أو خريطة لمدينة ما. ويطلب من الطالب الإجابة شفهياً عن الأسئلة بالنظر إلى الخريطة (مثال 5).

مثال (5) انظر إلى هذه الخريطة وأجب شفهياً عن الأسئلة التي تسمعها (أو الأسئلة المكتوبة):

??أ. اذكر أسماء البلدان التي تراها في الخريطة وعاصمة كل منها.

ب. ما الأنهار التي تراها في الخريطة؟ واذكر مسار كل نهر.

ج. ما الجبال التي تراها؟ واذكر موقع كل جبل.

اختبار الفونيمات:

يحضر المعلم هنا قائمة مكتوبة بكلمات منتقاة تحتوي كل كلمة على مشكلة صوتية تتعلق بنطق فونيم ما أو مجموعة من الفونيمات المتوالية. ويطلب من الطالب فردياً نطق هذه الكلمات.

مثال (6)

انطق الكلمات الآتية:

سيطر، اضطر، رمضان، قليل، مستشفى، دنوا، مشوا، مسطرة.

يمكن أن تكون الكلمة أعلاه مشكولة أو دون شكل. وعدم شكلها يجعل الاختبار أصعب، بالطبع.

اختبار النبر:

هنا يختار المعلم مجموعة من الكلمات تظهر أمام الطالب في قائمة

مكتوبة. ويطلب من الطالب فردياً أن ينطقها ويراقب المعلم توزيع النبرات على المقاطع. ومثل هذا الاختبار هام وخاصة في حالة متعلمي اللغات الأجنبية الذين غالباً ما يفشلون في نطق الكلمة وعليها النبرة الصحيحة على المقطع الصحيح. وتنشأ الصعوبة هذه في الكلمات متعددة المقاطع. مثال ذلك الكلمات ذاتها في مثال (6).

اختبار التنغيم:

هنا يختار المعلم مجموعة من الجمل المتنوعة (استفهامية وخبرية وتعجبية) ويطلب من الطالب قراءتها بشكل فردي ويراقب المعلم تنغيم الطالب لتلك الجمل (مثال 7).

مثال (7)

اقرأ هذه الجمل قراءة صحيحة التنغيم:

أ. ما أجمل هذه الحديقة!

ب. وصلَ زيدٌ أمس.

ج. هل رأيتَ علياً قبل قليل؟

د. متى سيكن الامتحان؟

اختبار إعلام الوقت من الساعة:

من الممكن استعمال الساعة ذات العقارب المتحركة لقياس القدرة الكلامية للطالب، عن طريق تحريك عقربي الساعات والدقائق على أوقات مختلفة، والطالب يقول الوقت بعد استقرار العقربَيْن في كل مرة.

اختبار إعلام الوقت من جدول زمني:

هنا يستخدم المعلم جدول رحلات طائرات أو قطارات مثلاً لتوجيه أسئلة شفهية أو كتابية عن مواعيد المغادرة والوصول وعلى الطالب أن يقول الإجابات.

اختبار التعويض:

هنا يعطي المعلم جملة ويعطي بعدها مثيراً ليعوضه الطالب مكان كلمة ما في الجملة معطياً الإجابة شفهياً كما في مثال (8). مثال ذلك: وصل الطبيب متأخراً. (الطبيبة). الجواب: وصلت الطبيبة متأخرة.

مثال (8)

عوض الكلمة في الجملة وأعط الجواب شفهياً:

أ. جاء الولد مسرعاً. (البنت)

ب. التلميذ نشيط. (التلاميذ)

ج. سيحضر أبوه غداً. (أمس)

د. رأى الرجل نفسه في المرآة (الطالبان)

خلاصة:

تهدف اختبارات الكلام إلى قياس قدرة الطالب على الكلام بمستوياته المختلفة. وقد تكون الأسئلة هنا شفهية أو كتابية. ولكن الإجابة في هذه الحالة لابد أن تكون شفهية لأن هدف الاختبار هو قياس القدرة الكلامية. والقدرة الكلامية لها على عدة مستويات، أدناها هو نطق مقروء أو نطق نص مسموع؛ وفي هذه الحالة لا ينتج الطالب تراكيب من عنده: ينطق فقط ما هو مكتوب أو مسموع. والمستوى الأعلى من ذلك هو تكوين جملة منطوقة. والمستوى الأعلى من الثاني هو تكوين سلسلة من الجمل في عملية كلامية متصلة. وبذا يمكن أن تكون القدرة الكلامية ذات ثلاثة مستويات على الأقل: مستوى النطق، ثم مستوى تكوين الجملة، ثم مستوى تكوين الكلام المتصل.

ومن وسائل قياس القدرة الكلامية القراءة الجهرية، الإعادة الشفهية،

التحويل، المحاورة، المقابلة الحرة، المقابلة الموجهة، التعبير الحر، اختبار الفونيمات، اختبار النبر، اختبار التنغيم، إعلام الوقت، والتعويض.

وقد يكون تدريج اختبارات الكلام سهلاً إذا كان الاختبار عالي الموضوعية. ولكن قد يكون التدريج صعباً في حالة تعدد العوامل موضع القياس كما هو الحال في اختبار التعبير الحر.

أسئلة وتمارين (7)

1. إذا أردنا استخدام القراءة الجهرية لقياس الكلام، فماذا نفعل لجعل الاختبار موضوعياً؟

2. ما شروط الصورة التي يمكن استخدامها في قياس الكلام؟

3. ما عناصر تقييم الكلام في المقابلة الحرة؟

4. كيف يمكن استخدام خريطة آسيا مثلاً في اختبارات الكلام؟

5. صمم اختباراً لقياس كل من النبر والتنغيم.

6. صمم اختبار تعويض يؤدي فيه المثير إلى تعديلات في باقي مفردات الجملة.

7. ما صعوبات قياس القدرة الكلامية؟ وكيف يمكن التغلب عليها؟

الفصل الثامن

اختبارات القراءة

يقصد باختبارات القراءة هنا قياس فهم الطالب لما يقرأ قراءة صامتة، مع ملاحظة أن القراءة الجهرية تدخل ضمن اختبارات الكلام، كما ورد في الفصل السابق. ويمكن أن ندعو اختبارات القراءة اختبارات الاستيعاب المقروء أو اختبارات الاستيعاب القرائي أو اختبارات الاستيعاب المرئي لتمييزها عن اختبارات الاستيعاب المسموع. وفي العادة، يطلب المعلم من الطلاب قراءة نص مكتوب قراءة صامتة ثم الإجابة عن الأسئلة التي تتبع. وقد يكون النص فقرة واحـدة أو أكثر حسب الوقت المتاح وحسب مستوى الطلاب ودرجة أهمية الاختبار. وتتخذ الأسئلة التي تتلو النص عدة أشكال منها ما يلي.

اختبار الاستفهام:

بعد قراءة النص، تأتي الأسئلة التي تقيس مدى فهم الطالب لما قرأ.

ويمكن أن تكون هذه الأسئلة مباشرة تبدأ بإحدى أدوات الاستفهام: متــى، أين، مـاذا، كيـف، لماذا، مَن، هَلْ. ويقصد بالسؤال المباشر سؤال جوابه مـذكور مباشرة في النص. كما يمكن أن يكون السؤال غير مباشر، أي سؤال جوابه ليس مذكوراً بطريقة مباشرة في النص، بـل يتطلـب قدراً من الاستنتاج. والسؤال غير المباشر أصعب من السؤال المباشر، بالطبع.

اختبار الاختيار من متعدد:

قد قراءة النص، يمكن أن تأتي الأسئلة عـلى أسـاس الاختيـار مـن متعـدد (أ، ب، ج، د) كما في مثال (1).

مثال (1)

ضع دائرة حول رمز الجواب الذي تختاره:

المسافة بين القرية والغابة _____

أ. ميل واحد

ب. ثلاثة أميال

ج. عشرون ميلاً

د. أحد عشر ميلاً

اختبار الصواب والخطأ:

هنا يطلب من الطالب أن يقرأ النص ويقرر إذا كانت الجملة صواباً أم خطأ (حسـبما يـذكر النص). ويمكن إضافة اختيار آخر، ألا وهو "غير محدد"، أي إن النص لا يبين إن كانت الجملـة صواباً أم خطأ (مثال 2)

مثال (2)

اقرأ الجمل الآتية وبين إن كانت "صواباً" أم "خطأ" أم "غير محدد" وفقاً للنص الذي قرأته. ضع الجواب في الفراغ السابق للجملة.

1. اشتهرت المدينة بصناعة السيارات. _____

2. يزيد عدد سكان المدينة عن ميلون نسمة. _____

3. تبعد المدينة ألف ميل عن الساحل. _____

4. لا يمر داخل المدينة أي نهر. _____

اختبار ملء الفراغ:

هنا، حسب فهم الطالب للنص الذي قرأه، عليه أن يمـلأ الفراغ في كـل جملـة بكلمـة واحـدة (مثال 3).

مثال (3)
املأ الفراغ في كل جملة مما يلي بكلمة واحدة حسب فهمك للنص:
1. تشتهر المدينة بصناعة ______________
2. الشخص الذي اكتشف منابع النهر هو ___________.
3. يبلغ سكان المدينة ______________ ألف نسمة تقريباً.
4. بني سور المدينة عام ______________ ميلادية.

اختبار مزاوجة المحتوى:

تظهر هنا قائمتان تتطلبان المزاوجة على أساس فهم النص المقروء.

مثال (4)
زواج بين مفردات القائمتين حسبما يقتضي فهمك للنص؛ ضع حرف الاختيار من القائمة الثانية في الفراغ في القائمة الأولى.

قائمة (1)	قائمة (2)
1. عدد سكان المدينة ___________	أ. القطن والحبوب
2. بنت المدينة قبل ___________	ب. الأقباط

3. سكنها ________	ج. الفواكه والزيتون
4. اشتهرت المدينة بزراعة ______	د. التاريخ
5. حاصرها جيش ________	هـ مليونان
	و. الحشيون
	ز. الرومان
	ح. ثلاثة ملايين

ومن الأفضل في اختبارات المزاوجة بشكل عام هو أن يزيد عدد مفردات القائمة الثانية عن عدد مفردات القائمة الأولى من أجل زيادة الاختيارات وتقليل احتمالات التخمين الأعمى وتقليل احتمال أن يؤدي الخطأ الواحد إلى خطأ آخر (مثال 4).

اختبار الترتيب:

هنا تظهر مجموعة من الجمل يطلب من الطالب أن يرتبها بتسلسل معين وفقاً لما فهم من النص المقروء. وقد يكون التسلسل زمنياً (مثال 5)، كما هو الحال غالباً، أو يكون مكانياً في اتجاه معين (من الأمام إلى الخلف، من أعلى إلى أسفل، من الشرق إلى الغرب، من الجنوب إلى الشمال، أو أي اتجاه آخر).

مثال (5)
اقرأ الجمل الآتية ورتبها متسلسلة زمنياً حسب وقوعها وفقاً لما يفيد النص الذي قرأته بادئاً بما حدث أولاً؛ ضع أرقام فقط متسلسلة في الفراغ المعد للجواب.

1. بدأت محاضرة علم النفس.
2. تناول إبراهيم طعام الإفطار.
3. حضر إبراهيم محاضرة أساليب التدريس.
4. التقى إبراهيم مع بعض أصدقائه.
5. ذهب إبراهيم للاستراحة في النادي.
6. جلس إبراهيم لاختبار في مادة التاريخ.
7. ذهب إبراهيم إلى مكتبة الجامعة ليستعير بعض الكتب.
8. زار أحد أساتذته للاستفسار عن بعض النقاط الدراسية.

الجواب: ________

ومثل هذا الاختبار يتضمن صعوبة واضحة في التدريج. فإذا كان الجواب الصحيح مثلاً هو الترتيب الآتي: 1، 4، 2، 3، 6، 8، 7، 5، فكيف سنعطي علامة لطالب أعطى هذا الترتيب: 1،4، 3، 2، 8، 6، 5، 7 أو عشرات الترتيبات المحتملة الأخرى؟

إن الشكل الأفضل لمثل هذا الاختبار هو الترتيب الثنائي، الذي يطلب من الطالب أن يقرر الجملة التي حدثت أولاً حسب النص المقروء. وهذا يعني أن يكون عدد الجمل في كل بند جملتين فقط كما في مثال (6).

مثال (6)

حسب النص الذي قرأته، ضح حرف الجملة التي حدثت أولاً (حسب النص) في الفراغ المحاذي:

___ 1. أ. تناول الطالب طعام الإفطار.

ب. ذهب إلى مكتبة الجامعة.

___ 2. أ. حضر محاضرة علم النفس.

ب. زار أستاذه في مكتبه.

___ 3. أ. أدى الاختبار في مادة "التاريخ".

ب. ذهب ليستريح في النادي.

___ 4.أ. التقى مع بعض أصدقائه.

ب. تناول طعام الغداء.

اختبار المفردات:

يمكن استخدام النص المقروء لغرض الاستيعاب لاختبار الطلاب في المفردات. وبما أن اختبارات المفردات متشعبة الجوانب (كما ظهر تفصيل ذلك في الفصل الرابع من هذا الكتاب)، فإن استخدام المفردات في فهم المقروء يجب أن يقتصر على قياس فهم المفردات بالدرجة الأولى (مثال 7 ومثال 8)، دون التعرض لتهجئة المفردات مثلاً أو إنتاجها أو اشتقاقها كيلا يضعف صدق الاختبار.

مثال (7)

أعط كلمة مرادفة للكلمات الآتية التي وضع خط تحت كل منها في النص ذاته:

1. ثريّ ــــ
2. ادلهَمَّ ــــ
3. سقيم ــــ

مثال (8)

زواج بين كلمات القائمتين، مع ملاحظة أن القائمة (أ) تحتوي كلمات وردت في النص والقائمة (ب) تحتوي كلمات تضاد كلمات القائمة الأولى في المعنى. ضع الضد في الفراغ الموجود في القائمة (أ).

قائمة (أ)	قائمة (ب)
مسموح ــــ	ضعف
نسي ــــ	علة
قدرة ــــ	ممنوع
مذنب ــــ	متهم
	بريء
	ذكرَ
	تذكر

ويراعى أن تكون مفردات القائمة (ب) أكثر من مفردات القائمة (أ) كما في مثال (8). ويمكن تحوير مثال (8) بحيث تكون المزاوجة على أساس الترادف لا على أساس التضاد.

اختبار القواعد:

يمكن استخدام النص المقروء لقياس مدى فهم الطالب للمعنى القواعدي للجمل، الـذي يـؤثر بدوره على فهم المعنى العام للجملة، حيث إن معنى الجملـة يتكـون مـن معناهـا المفرداتي (التي تكوّنه مفرداتها) ومـن معناهـا القواعـدي (التـي يكوّنـه نحوهـا وكلماتهـا الوظيفيـة ولواحقها).

ومن أمثلة أسئلة الاستيعاب المبنية على القواعد ما يلي:

1. سؤال يتعلق بالعدد الذي يفهم من اسم مثنى. فإذا ورد "الرجلان" في النص، يمكن أن يدور سؤال ما عن عدد الرجال.

2. سؤال يتعلق بالعدد الذي يفهم مـن الجمـع (جمـع المـذكر السـالم وجمـع المؤنـث السـالم وجمع التكسير).

3. سؤال يتعلق بفهم واو القسم وإدراك معناها.

4. سؤال يتعلق بفهم معنى فاء السببية من مثل "لم يكن فاسقاً فيسرق".

5. سؤال يتعلق بفهم معنى لام الأمر.

6. سؤال يتعلق بفهم تأثير "لَمْ" على قلب المضارع إلى ماضٍ.

7. سؤال يتعلق بفهم واو المعية.

8. سؤال يتعلق بفهم "لن" على أنها أداة تفي للمستقبل.

هذه مجرد أمثلة تبين الترابط القوي بـين معنـى الجملـة ومكوناتهـا القواعدية. ومـما يجب تذكره هنا ألا يتحول اختبار القراءة إلى اختبار قواعد. اختبـار القراءة هـو في الأسـاس لقيـاس مدى فهم ما يُقْرَأ قراءة صامتة. ولكن، كـما ذكرنـا، يمكـن إدخـال عنـاصر قواعدية في اختبـار القراءة بشرط ارتباط هذه العناصر ارتباطاً وثيقاً بفهم المعاني.

ومن الجدير بالذكر أيضاً أنه إذا صارت القراءة قراءة جهريـة، فإنهـا لا تسـتخدم بـذلك لفهـم المقروء، بل يصبح استخدامها لقياس النطق أو الكلام (كما ورد في الفصل السابع).

اختبار مزاوجة أشكال الكلمات:

بما أن القراءة هي عملية إدراك بصرية أساساً، فمما يمكن قياسه مـدى دقـة الإدراك البصـري، وذلك باستخدام كلمات مختلفة ولكن متقاربة الشكل (مثال 9).

مثال (9)
ضع خطاً تحت الكلمة التي تطابق الكلمة الأولى.
1. سال: صال، سال، نال، فال
2. افترى: امترى، اشترى، اكتوى، افترى
3. تراها: براها، نراها، تراها، يراها

فهم المعنى، دون شك، يتطلب أولاً ضرورة إدراك الكلمة بصرياً على نحو سليم. وهذه المزاوجة على هذا النحو تقيس مدى الإدراك البصري الذي هو شرط أساسي لإدراك المعنى لاحقاً.

اختبار مزاوجة أشكال الجمل:

هنا يقاس مدى إدراك الطالب بصرياً لشكل الجملة. وتستخدم لذلك جمل مختلفة ولكنها متشابهة جداً في الوقت ذاته، كما في مثال (10). مثل هذا الاختبار لا يقيس الاستيعاب، ولكنه يقيس شرطاً أساسياً من شروط الاستيعاب، ألا وهو الإدراك البصري.

مثال (10)

ضع دائرة حول حرف الجملة التي تطابق الجملة الأولى:

1. تراه قريباً ونراه بعيداً.

أ. نراه مريباً وتراه سعيداً.

ب. يراه مرناً ونراه قريباً.

ج. تراه قريباً ونراه بعيداً.

د. نراه قريباً وتراه وحيداً.

اختبار مزاوجة الجملة والصورة:

إذا كان المراد قياس فهم الجملة المقروءة، توضع جملة وتحتها أربعة صور. ويطلب من الطالب اختيار الصورة التي تدل عليها الجملة.

اختبار مزاوجة الصورة والجملة:

هنا تظهر صورة واحدة وبجانبها أربعة جمل. وعلى الطالب أن يختار الجملة التي تدل على الصورة.

اختبار مزاوجة الجمل والصورة:

هنا تظهر صورة واحدة وتحتها مثلاً عشرة جمل. وعلى الطالب أن يختار تلك الجمل التي تدل عليها الصورة، وقد تكون هذه الجمل ثلاثاً أو خمساً أو ستاً.

في جميع المزاوجات الثلاث الأخيرة تتطلب الإجابة فهم الجملة أو الجمل وإدراك محتويات الصورة ومن ثم المزاوجة بين الطرفين حسب تعليمات السؤال.

اختبار فهم النص القصير:

لا يشترط أن يكون النص المقروء فقرة طويلة أو قصيرة لتأتي بعده أسئلة الاستيعاب. بـل مـن الممكن أن يكون النص مجرد جملة واحدة تتبعها أسئلة استيعاب (مثال 11).

مثال (11)

ضع دائرة حول رمز الجملة الصحيحة التي تفهم من الجملة الأساسية، ويمكنك اختيار أكثر من جملة واحدة:

1. سالم ليس أطول من سليم، ولكنه أقصر قليلاً من إبراهيم.

أ. من المحتمل أن يكون سالم وسليم متساويين في الطول.

ب. من المحتمل أن يكون سليم أطول من سالم.

ج. إبراهيم أطول من سالم.

د. ليس بالضرورة أن يكون إبراهيم أطول من سليم.

2. لو درس الطالب جيداً لنجح.

أ. لم يدرس ولكنه نجح.

ب. درس ولكنه لم ينجح.

جـ. درس ونجح.

د. لم يدرس ولم ينجح.

وهناك أمور عديدة لابد من مراعاتها عند استخدام الاختبارات بعـد النصـوص القصـيرة أو الطويلة في اختبارات القراءة أو فهم المقروء:

1. يجب أن يقيس البند فهم الطالب للنص وليس معلوماته العامة غير المعتمدة على النص. وبذلك، لا يجوز استخدام بنود لا علاقة لها بالنص المقروء ذاته.

2. في اختبارات القراءة المبنية على نص مقروء تقاس صحة الجواب اعتماداً على النص ذاته. فقد يكون الجواب خطأ بمعايير خارج النص، ولكنه صواب بمعايير محتوى النص موضع الاختبار. الفيصل هنا محتوى النص وليس المعايير الخارجة عنه.

3. في اختبار الاختيار من متعدد عامة ومن ضمنها ما يستخدم لقياس فهم المقروء، يجب أن ينحصر الجواب الصحيح في اختيار واحد فقط، فلا يجوز أن تكون جميع الاختيارات صحيحة مثلاً. الجواب المقبول هو اختيار واحد فقط، إلا إذا ذكرت تعليمات السؤال غير ذلك.

4. يجب أن تؤكد تعليمات السؤال في قياس فهم المقروء على أن تكون الإجابة بالرجوع إلى النص ذاته، أي أن مقياس صحة الجواب أو اختياره من بين عدة اختيارات هو النص ذاته وليس إلاّ. ذلك بأن الاختبار أساساً يهدف إلى قياس فهم نص بعينه، وليس قياس المعلومات العامة لدى الطالب. ولذلك، لابد من أن تركز تعليمات السؤال على ضرورة رجوع الطالب للنص عند التعامل مع أسئلة فهم المقروء عموماً.

5. في اختبار الاختيار من متعدد، لابد أن يكون طول الاختيارات جميعها متماثلاً، لأن الطول الاستثنائي لأحد الاختيارات يجعله محل

ترشيح قوي ليكون الجواب الصحيح لدى الطالب من باب التخمين الذكي.

6. في اختبار الاختيار من متعدد (لفهم المقروء)، يجب أن تكون الاختيارات جميعاً صحيحة نحوياً كيلا يستبعد أحدها أو بعضها بسبب الخطأ النحوي، حيث إن المفاضلة بينها هنا يجب أن تعتمد على المحتوى فقط وليس على عوامل الصحة النحوية. إن الصحة النحوية، رغم أهميتها، ليس مكانها في اختبار فهم المقروء. لنفترض أن بنداً (في فهم المقروء) يحتوي على أربعة اختيارات، ثلاثة منها فيها أخطاء نحوية والرابع منها صحيح في النحو والمحتوى، فإن الطالب قد يختار الرابع لا بسبب محتواه، بل بسبب صحته النحوية.

7. إذا كانت جميع الاختيارات الثلاثة صحيحة، فإن الاختيار الرابع يجب أن يكون "جميع ما سبق". وهذا يعني أن الطالب يختار الرابع كإجابة صحيحة. وهذه الملاحظة السابعة لا تتناقض مع الملاحظة الثالثة السابقة إذا تمّ التدقيق في الملاحظتين.

خلاصة:

تهدف اختبارات القراءة إلى قياس فهم المقروء. ويقصد بالقراءة هنا القراءة الصامتة وليس القراءة الجهرية. وهي اختبارات تعرفية في مجملها، وليست إنتاجية في العادة، لأنها تهدف إلى قياس الفهم فقط، رغم أن بعض هذه الاختبارات قد تكون إنتاجية. وهي موضوعية في العادة.

ولقياس فهم المقروء هناك أشكال عديدة من الأسئلة. هناك الأسئلة العادية المبدوءة بأداة استفهام التي ترد بعد قراءة النص (القصير أو الطويل). وهناك اختبار الاختيار من متعدد، واختبار الصواب والخطأ، واختبار ملء الفراغ، واختبار مزاوجة المحتوى، واختبار الترتيب، واختبار المفردات، واختبار القواعد. وفي هذين الاختبارين الأخيرَيْن، لابد من تقييد الاختبار بحيث يركز على فهم المقروء دون التوسع في مجالات المفردات والقواعد الشائعة، وذلك لكي نحافظ على صدق الاختبار وارتباطه الوثيق بفهم المقروء فقط.

وهناك اختبار مزاوجة أشكال الكلمات، واختبار مزاوجة أشكال الجمل. وهذان الاختباران لا يقيسان فهم المقروء مباشرة، بل يقيسان إدراك المقروء بصرياً، وهي مهارة ملازمة لفهم المقروء، إذ لا فهم دون إدراك بصري أولاً.

وهناك اختبار مزاوجة الجملة والصورة، واختبار مزاوجة الصورة والجملة، واختبار مزاوجة الجمل والصورة. وهذه الاختبارات الثلاثة تعتمد على فهم الجملة وإدراك الصورة معاً.

ويمكن للمعلم دائماً أن يبتكر العديد من أنماط الاختبارات بقليل من الخيال والرغبة في الإبداع.

أسئلة وتمارين (8)

1. ما الهدف الرئيسي من اختبارات القراءة؟

2. ما عدد الاختيارات المناسب في اختبارات الاختيار من متعدد؟

3. أيهما أفضل في اختبارات القراءة: صواب–خطأ أم صواب–خطأ–غير محدد؟ ولماذا؟

4. في اختبار القراءة (ملء الفراغ)، هل يملأ الفراغ بكلمات نحوية مثل حروف الجر أم بكلمات محتوى أم بكليهما؟ لماذا؟

5. في اختبار القراءة (مزاوجة المحتوى)، اذكر أشكالاً أخرى من مزاوجة المحتوى غير مثال (4) المذكور. أعط أمثلة.

6. أعط مثالاً قراءة يعتمد على الترتيب الزماني أو المكاني.

7. ما حدود قياس المفردات في اختبار فهم المقروء؟ برر هذه الحدود.

8. ما حدود قياس القواعد في اختبار فهم المقروء؟ برر جوابك.

9. ما الفرق بين مزاوجة المحتوى ومزاوجة الأشكال في اختبارات القراءة؟

10. كيف يمكن استخدام الصور في اختبارات فهم المقروء، أي اختبارات القراءة؟

11. ضع اختبار قراءة يعتمد على فهم النصوص القصيرة.

12. صمم اختبار قراءة يحتوي على جميع أنواع اختبارات القراءة التي وردت في هذا الفصل.

الفصل التاسع
اختبارات الكتابة

اختبارات الكتابة اختبارات إنتاجية في العادة وليست تعرفية، لأن الكتابة ذاتها مهارة إنتاجيـة وليست مهارة استقبالية. وتتماثل اختبارات الكتابة في هذا الجانب مع اختبـارات الكـلام، لأن الكتابة مثـل الكـلام: كلاهـما مهارتان إنتاجيتان. في المقابـل، اختبارات الاستماع واختبارات القراءة مهارتان استقباليتان. إن الاختبار يجب أن يتواءَم مع طبيعة المهارة التي يقيسـها؛ وإذا لم يحدث هذا التواؤم فإن الاختبار يفقد الكثير من صدقه وثباته.

واختبارات الكتابة يمكـن أن تكـون موضـوعية ويمكـن أن تكـون ذاتيـة (مقاليـة). واختبارات الكتابة، مثل سائر الاختبارات، ذات مستويات: أدناها اختبار الكتابة الآلية، أي الخط، وأعلاها كتابة البحث. وبين هذين، الأدنى والأعلى، مستويات عديدة مثل كتابة الحرف وكتابـة الكلمـة وكتابة الجملة البسيطة وكتابة الجملة المركبة وكتابة الفقرة وكتابة المقال وكتابة البحث.

وكلما علا مستوى اختبار الكتابة، ازدادت صعوبة تدريجه. فاختبار كتابة الكلمة مثلاً أسـهل تدريجاً من اختبار كتابة الجملة. واختبار كتابة الجملـة أسـهل في التـدريج مـن اختبـار كتابـة الفقرة. واختبار كتابة الفقرة أسهل في التدريج من اختبار كتابة المقال. واختبار كتابة المقـال أسهل في التدريج من اختبار كتابة البحث.

اختبار كتابة الحروف:

أدنى مستويات الكتابة هو كتابة الحروف وكتابة المحاكاة. هنا يلفظ المعلم بعض حروف الألفباء وعلى الطالب أن يكتب ما يسمع (مثال 1).

مثال (1)

اكتب الحروف التي تسمعها:

ب، س، ع، غ، ص

مثل هذا الاختبار يناسب الطلاب المبتدئين في تعلم الكتابة. ومن الأفضل تجنب نطق اسم الحروف هنا: ب تنطق بَ وليس باء، س تنطق سَ وليس سين. ويلاحظ أن مثل هذا الاختبار ليس نقياً تماماً لأنه يتضمن عاملاً إضافياً هو التمييز السمعي، فقط يخطئ الطالب في الجواب لا لأنه لا يعرف كتابة ص مثلاً، بل لأنه لم يسمعها جيداً.

اختبار كتابة المقاطع:

هنا نطق المعلم ويطلب من التلميذ أن يكتبها، كما في مثال (2).

مثال (2) اكتب المقاطع التي تسمعها: سا، لي، مو، فا، قي، را

اختبار المحاكاة:

يكتب المعلم على السبورة كلمات أو جملاً، ثن ينسخها الطالب مهتماً بالخط. ويمكن أن يكون النموذج مكتوباً أو مطبوعاً على ورقة الاختبار ذاتها. القصد من هذا الاختبار قياس قدرة الطالب على تجويد الخط ورسم الحروف والمقاطع والكلمات وتناسب الحروف ودقة أشكالها وحسن تنقيطها. والطالب هنا لا ينتج شيئاً من عنده، بل يحاكي النموذج الذي يراه على السبورة أو على ورقة الاختبار.

اختبار الإملاء: الاستكتاب:

هناك عدة طرق لقياس الإملاء منها الاستكتاب. هنا يقرأ المعلم والطلاب يكتبون ما يسمعون. وقد يقرأ المعلم كلمات مختارة (مثال 3) أو جملاً أو نصاً متصلاً.

إذا كان الاختبار يتكون من عشرين كلمة مختارة، فتدريجه سهل جداً: درجة واحدة لكل كلمة، على سبيل الاقتراض. فإذا أصاب الطالب في <u>15</u> كلمة، كانت علامته 20/15.

مثال (3)
اكتب الكلمات الآتية التي تسمعها:
موسى، عصا، دُمى، سؤال، سُئلَ، سأل، أسئلة، ذهبوا، معلمو.

وهكذا نرى أن كل كلمة مما سبق في المثال تحتوي على مشكلة إملائية من نوع ما، ولذلك قلنا "كلمات مختارة"، أي كلمات يختارها المعلم بعناية لأن كلاً منها تحتوي مشكلة إملائية قد يخطئ فيها الطالب. وفي مثل هذا الاختبار، لا داعي لكلمات سهلة يعرفها الجميع، مثلاً: مِنْ، سوف، مَالَ، مِيل، ولد.

وقد يكون الاستكتاب جملاً مختارة أو فقرة متصلة. ولكن مثل هذا الاختبار قد يوجد مشكلة للمعلم في التدريج. لنفرض أن الفقرة تتكون من مئة كلمة وأخطأ الطالب في عشر كلمات، فهل سيأخذ الطالب 10/90؟ المشكلة هنا هي كيف سيجري التدريج. وما وزن كل خطأ؟ إذا كان الاختبار من مئة، والفقرة تحتوي على مئة كلمة مثلاً، فهل كل خطأ سيزن درجة واحدة أم اثنتين أم خمس درجات أم ماذا؟

ووللتغلب على هذه المشكلة، مشكلة تدريج الجمل أو الفقرة في اختبار الإملاء، يفضل أن يكون التدريج مبنياً على انتقاء الكلمات موضع الاختبار. وهذا يعني أن يحدد المعلم مسبقاً الكلمات التي سيركز عليها عند التدريج وألا يلتفت إلى سواها. إذا كانت هناك مجموعة من الجمل أو فقرة متصلة، يحدد المعلم مثلاً عشرين كلمة فقط لتكون محور التركيز عند التدريج. وبذلك يصبح تدريج الجمل أو الفقرة تماماً مثل تدريج الكلمات المنفردة المختارة.

ومن مشكلات اختبار الإملاء بالاستكتاب (لتمييزه عن اختبار الإملاء بطرق أخرى) أن السؤال يكون شفهياً. هنا لابد للمعلم أن يتفق مع الطلاب على نظام للإملاء، كأن يقول لهم إنه سيكرر كل كلمة أو جملة ثلاث مرات يضمن تحقق الإدراك السمعي لما يقول. وَيُفْهِمُ المعلم طلابه أنه لا حاجة بهم للاستفسار إذا لم يسمعوا في المرة الأولى لأنه سيعيد كل وحدة ثلاث مرات، فإذا لم يَسْمَع أحد الطلاب بوضوح في المرة الأولى فإنه سيسمع في المرة الثانية، وإذا لم يسمع في الثانية فإنه سيسمع في الثالثة.

اختبار الإملاء: دمج الوحدات:

الإملاء بالدمج يتطلب سؤالاً كتابياً وجواباً كتابياً بالطبع (مثال 4). إن جميع اختبارات الكتابة على اختلاف مستوياتها وأنواعها تتطلب جواباً كتابياً لأنها كلها تقيس مهارة الكتابة، إذاً لابد من جواب مكتوب.

مثال (4)

ادمج الوحدتين في كلمة واحدة وعدِّل ما يجب تعديله:

ها	+	ذا	=		ـــــ
جاءَ	+	وا	=		ـــــ
ها	+	ذا	=		ـــــ
بطيء	+	ان	=		ـــــ
رؤساءُ	+	كم	=		ـــــ
رؤساءَ	+	كم	=		ـــــ
رؤساءِ	+	كم	=		ـــــ
على	+	ما؟	=		ـــــ
إلى	+	ما؟	=		ـــــ
من	+	ما	=		ـــــ

اختبار الإملاء: الأَحكام:

من الممكن أن يتناول الاختبار أحكام الإملاء مباشرة (مثال 5).

مثال (5)

بين كيف تكتب الهمزة في الحالات الآتية:

أ. همزة متوسطة مفتوحة بعد ضم: ــــــ

ب. همزة متوسطة مكسورة بعد فتح: ــــــ

جـ همزة متطرفة بعد ضم: ــــــ

هنا يتناول الاختبار مشكلات الإملاء من مثل همزة الوصل والقطع، اللام الشمسية واللام القمرية، المهمزة الأولية والمتوسطة والمتطرفة، التاء المفتوحة والمضمومة، والألف الممدودة والمقصورة عن طريق توجيه أسئلة تتعلق بأحكام الإملاء مباشرة.

اختبار الإملاء: الاختيار من متعدد:

هنا تظهر مجموعة من الكلمات، عادة أربع، ثلاث منها خطأ إملائياً وواحدة صحيحة إملائياً. وعلى الطالب كشف الكلمة الصحيحة (مثال 6). هذا الاختبار يتطلب اختيار جواب صحيح من بين عدة إجابات.

مثال (6)

ضع دائرة حول الكلمة الوحيدة الصحيحة إملائياً في كل مجموعة:

أ. مَشَىَ، دَعَى، سَعَا، هَفَى

ب. آباءُهم، آباءِهم، يقرَؤُ، آباءَهم

اختبار الإملاء: الاشتقاق:

هنا يطلب من الطالب أن يشتق كلمة من كلمة معطاة له كتابة (مثال 7). والهدف هنا ليس قياس الاشتقاق، بل قياس الإملاء. ولذلك يعطى ميزان الاشتقاق مع كل كلمة. ويصلح مثل هذا الاختبار وسواه من اختبارات الإملاء عن طريق أسئلة كتابية (وليس عن طريق الاستكتاب) في حالة وجود عدد كبير من الطلاب في قاعة واحدة يصعب استماعهم لنص إملائي. في هذه الحالة، من الممكن أن نختبرهم إملائياً عن طريق أسئلة مكتوبة من نوع أسئلة الدمج أو الاشتقاق.

مثال (7)

اكتب المشتق من كل فعل مما يلي حسب الميزان المذكور:

أَكَّدَ	ـــــــ	مُفَعَّل
أَمَرَ	ـــــــ	يَفْعُل
أَخذَ	ـــــــ	يُفْعَل
بَدَأ	ـــــــ	مفعول
اقرأْ	ـــــــ	افْعَلاَ

دون ميزان، يصبح الاختبار اختبار مفردات أو اختباراً في الصرف والنحو. بذكر الميزان، يقتصر القياس على العامل الإملائي وحده.

اختبار الإملاء: الإضافة:

هنا تعطى الكلمة ويطلب إعادة كتابتها بعد إضافة حرف (مثال 11، مثال 12) أو حروف (مثال 8، مثال 9) أو تنوين إليها (مثال 10).

مثال (8)

أضف الحرف أو الحروف التالية لكل كلمة مما يلي وأعد كتابتها:

اِقْرَأْ	+	ي	=	ـــــ
يَقْرَأ	+	ان	=	ـــــ
يَقْرأ	+	ون	=	ـــــ
قَرَأ	+	تُمْ	=	ـــــ

مثال (9)

أضف (ان) إلى الكلمات الآتية.

يقرأ	ـــــ	جزاء	ـــــ
يبدأ	ـــــ	جريء	ـــــ
يجري	ـــــ		
بناء	ـــــ		

مثال (10)

أضف تنوين نصب إلى الكلمات الآتية:

كتاب	ـــــ
سماء	ـــــ
رجال	ـــــ

مثال (11)

أضف ألفاً ممدودة أو مقصورة لإكمال الكلمات الآتية:

ذُرَ	ـــــ
جَدْوَ	ـــــ
ربَ	ـــــ
سَنَ	ـــــ

مثال (12)

أضف تاء مفتوحة أو مضمومة إلى كل مما يلي:

صَبَرَ	ـــــ
صَبْرٌ	ـــــ
كبيرٌ	ـــــ
فريدٌ	ـــــ

اختبار الإملاء: كشف الخطأ:

هنا يقرأ الطالب جملاً أو فقرات متصلة ويضع خطاً تحت كل خطأ إملائي ويصححه. وبالطبع، يكون المعلم قد قرر مسبقاً الأخطاء الإملائية في النص من حيث ماهيتها وعددها. ويحسب لكل خطأ يصوَّب درجة واحدة أو أكثر.

اختبار الإملاء: الكلمات المحذوفة:

يعطى الطالب نصاً مكتوباً فيه بعض الكلمات المحذوفة (مثلاً عشرون كلمة محذوفة). المعلم يقرأ النص كاملاً دون حذف أية كلمات وعلى الطالب أن يكتب الكلمات المحذوفة التي يسمعها.

ميزة هذه الطريقة أنها تختبر الطالب في كلمات متصلة بنص مما يسهل عليه الاستماع. والميزة الثانية حصر كلمات الإملاء وانتقاؤها لقياس قدرات محددة مما يسهل عملية التدريج على المعلم.

اختبار الترقيم:

يقصد باختبار الترقيم قياس قدرة الطالب على إضافة علامات الترقيم

إلى نص مكتوب، من مثل الفاصلة (،) والنقطة (.) وعلامة الاستفهام (؟) والتعجب (!) والنقطتين (:) والفواصل المزدوجة (" "). ويمكن أن يكون النص المراد ترقيمه جملاً مختارة أو فقرة متصلة. وهناك عدة طرق لقياس الترقيم تبينها الأمثلة الآتية.

مثال (13)
هذا نص خال من علامات الترقيم. أضف إليه ما يناسبه من علامات الترقيم.

مثل هذه الطريقة المذكورة في مثال (13) طريقة صعبة التدريج. لنفترض أن الفقرة تحتاج عشرين علامة ترقيم من أنواع مختلفة في أماكن محددة، وأجاب طالب عنها إجابات صحيحة كاملة، ولكنه أضاف عشر علامات ترقيم خطأ. فكيف تحسب درجته؟ وطالب آخر أضاف خمس علامات ترقيم خطأ، فكيف تحسب درجته؟

مثال (14)
هذا نص فيه بعض علامات الترقيم، ولكن تنقصه خمس علامات ترقيم فقط. أضف هذه العلامات حيث يلزم.

هذا المثال (14) أدق وأسهل في التدريج من المثال (13) لأنه أكثر تحديداً.

هذا نص تنقصه بعض علامات الترقيم. ضع علامة الترقيم المناسبة في الفراغ الحدد.

هذا المثال (15) يحدد عدد علامات الترقيم عن طريق تحديد مكان الترقيم، وعلى الطالب تحديد نوع العلامة: هل هي فاصلة أم نقطة أم ماذا؟

مثال (16)

أضف خمس فواصل وعلامة استفهام واحدة وعلامة تعجب واحدة إلى هذا النص.

في المثال (16)، السؤال يحدد نوع علامة الترقيم وعددها، وعلى الطالب أن يحدد المواقع المناسبة لعلامات الترقيم المختلفة.

مثال (17)

أضف نقطة أو فاصلة (حسبما يلزم) في الفراغ المحدد في الفقرة الآتية.

في المثال (17)، على الطالب أن يميز بين مواقع استعمال الفاصلة ومواقع استعمال النقطة، حث إن السؤال يحدد الموقع.

مثال (18) أضف علامة الترقيم المناسبة في الفراغ المحدد إذا كان ذلك ضرورياً.

في المثال (18)، على الطالب تقرير ما إذا كان ذلك الموقع يحتاج علامة ترقيم أم لا، ثم عليه تحديد علامة الترقيم المناسبة لذلك الموقع.

إن اختبارات الترقيم عامة تتناول واحداً من هذه العوامل أو أكثر: نوع علامة الترقيم، وعددها. ولذلك، يمكن للاختبار أن يتنوع تبعاً لهذه العوامل الثلاثة:

1. تبين التعليمات النوع والموقع، ويُسأل الطالب عن العدد.
2. تبين التعليمات النوع والعدد، ويُسأل الطالب عن الموقع.
3. تبين التعليمات العدد والموقع، ويُسأل الطالب عن النوع.
4. تبين التعليمات النوع، ويُسأل الطالب عن العدد والموقع.
5. تبين التعليمات الموقع، ويُسأل الطالب عن العدد والنوع.
6. تبين التعليمات العدد، ويُسأل الطالب عن الموقع والنوع.
7. لا تبين التعليمات ولا النوع ولا الموقع.

اختبارات الكتابة المقيدة:

يمكن قياس القردة الكتابية عن طريق حصر الطالب في مهمات كتابية ضيقة. ويمكن أن يتخذ هذا عدة أشكال منها:

1. **اختبار الاستبدال بكلمة مرادفة.** هنا تقدم للطالب فقرة وتوضع خطوط تحت كلمات أو عبارات مختارة. ويطلب من الطالب التعبير عن كل منها بكلمة مرادفة (مثال 19).

> مثال (19)
> استبدلْ ما تحته خط بكلمة مرادفة:
> قاتل الجندي قتال الأبطال (   ) ومات (   ) في سبيل الله. وكان خير نموذج (   ) لرفاقه.

2. **اختبار الاستبدال بكلمة مضادة.** هنا يجري استبدال ما تحته خط بكلمة مضادة في المعنى، كما في مثال (20).

> مثال (20)
> استبدل ما تحته خط بكلمة مضادة:
> كان الرجل كريماً (   ) جداً وكان الناس يمدحونه (   ) لهذه الصفة الحميدة (   ). وكان مثالاً للشجاعة (   ) والأمانة (   ) والصدق (   ).

3. **اختبار تحويل الأفعال.** هنا يطلب من الطالب تغيير الأفعال من الماضي إلى الحاضر أو من الحاضر إلى الماضي أو إلى المستقبل. وقد يستدعي هذا التغيير تغيير ظروف الزمان ذات الصلة. ويمكن أن يكون النص فقرة متصلة أو جملاً متفرقة، كما في مثال (21).

> مثال (21)
> غير الأفعال من الماضي إلى المستقبل وغيّر كلمات الزمان ذات الصلة.
> سافر (   ) إلى أوروبا في العام الماضي (   ) ليلتحق بجامعة في روما من أجل إتمام دراساته العليا.

4. **اختبار تحويل الفاعل.** هنا يطلب تحويل الفاعل من المفرد إلى المثنى أو الجمع أو بالعكس مع تغيير ما يلزم من الأفعال والصفات وسواها من مكونات الجملة (مثال 22).

> مثال (22)
> حوِّل كل فاعل في هذه الفقرة (أو الجملة) إلى مثنى مع تعديل كل ما يلزم:
> تأخر الطالب عن المحاضرة، ولكنه اعتذر وسمح له بالدخول، غير أنه وجد صعوبة في متابعة ما يقال.

5. **اختبار دمج الجمل.** هنا يطلب من الطالب دمج جملتين أو أكثر في جملة واحدة مع إعطائه أدوات الدمج (مثال 23) أو دون ذلك. والجملة الناجمة قد تكون جملة معطوفة أو جملة مركبة أو غير ذلك.

مثال (23)

ادمج كل جملتين مما يلي في جملة واحدة باستخدام أداة الربط المذكورة:

أ. درس الطالب دروسه.	نام بعد ذلك.	(ثم)
ب. نجح الطالب في امتحاناته كلها.	كان يدرس بانتظام.	(بسبب)
ج. لم ينجح في اختباراته	كان يدرس يومياً.	(بالرغم)
د. تأخر عليّ في الحضور	أضاع المفتاح.	(لأن)
هـ. لم يدرس محمود.	لم ينجح محمود.	(لو)

6. **اختبار التحويل إلى إثبات أو نفي.** هنا يحول الطالب الجمل إلى الفقرة من الإثبات إلى النفيي أو من النفي إلى الإثبات.

7. **اختبار التحويل إلى المعلوم أو المجهول.** هنا يحول الطالب الجمـل أو الفقـرة مـن المبنـي للمعلوم إلى المبني للمجهول أو من المبني للمجهول إلى المبني للمعلوم.

8. **اختبار التحويل من الكلام المباشر إلى غير المباشر أو بالعكس.** هنا يحول الطالب الجمل أو الفقرة من المباشر إلى غير المباشر أو من غير المباشر إلى المباشر.

9. **اختبار الإضافة.** هنا تظهر فقرة ويطلب من الطالب أن يضيف كلمة مناسبة حيـث يوجـد فراغ (مثال 24). وينظر هنا إلى تلاؤم معنى الكلمة مع مبناها.

<table>
<tr><td>

مثال (24)

أضف كلمة مناسبة في كل فراغ فيما يلي:

توجد أسباب ـــــ للحروب بين الدول ـــــ ومن بين هذه الأسباب الاختلاف

</td></tr>
<tr><td>

على الحدود ـــــ وقد تقع الحروب ـــــ بسبب الأطماع ـــــ فقد تطمع دولة في الثروات ـــــ لدولة أخرى وخاصة إذا كانت الدولة الطامعة ـــــ والدولة الأخرى ـــــ

</td></tr>
</table>

10. **اختبار الحذف المنظم.** هنا تظهر فقرـة (مثال 25) أو مقالة وتحذف منها الكلمـة الرابعـة أو الخامسة بانتظام. وعلى الطالب أن يحاول إعادة الكلمة المحذوفة.

مثال (25)

أضف كلمة مناسبة في كل فراغ فيما يلي؛ إذا اتصلت كلمتان معاً كتابياً تحسبان كلمة واحدة:

توجد أسباب عديدة للحروب بين الدول المتجاورة. ومن الأسباب ـــــــ على الحدود المشتركة. ـــــــ تقع الحروب الطاحنة ـــــــ الأطماع الجشعة. فقد ـــــــ دولة في الثروات لدولة أخرى ـــــــ إذا كانت ـــــــ قوية والدولة الأخرى ـــــــ

ويلاحظ في مثل هذا الاختبار أن الكلمة المحذوفة قد تكون فعلاً أو اسماً أو صفة أو حرفاً. كما أن الحذف فيها منتظم: حذفت كل كلمة رابعة على التوالي. والحذف الرباعي أصعب على الطالب من الخماسي، والخماسي أصعب من السداسي، ذلك لأن تخمين كلمة من بين كل أربعة أصعب من تخمين كلمة من كل خمس أو ست كلمات. وفي العادة، الجملة الأولى من النص لا يحذف منها شيء لإعطاء الطالب فكرة عن محتوى النص.

11. اختبار حذف حروف الجر. هنا تحذف حروف الجر فقط من الفقرة ويطلب من الطالب أن يضيفها. ويمكن أن تذكر مجموعة محدودة من حروف الجر ليختار الطالب منها الحرف المناسب لملء كل فراغ. أو يظهر في كل فراغ حرفا جر أو ثلاثة ويتم الاختيار منها. ويجوز عدم إعطاء خيارات إطلاقاً، بل يملأ الطالب الفراغ بحرف جر مناسب من عنده.

12. **اختبار حذف حروف النفي.** هنا تحذف حروف النفي فقط من جمل أو من فقرة أو مقال. ويطلب من الطالب ملء الفراغ بحرف النفي المناسب. ويجوز إعطاء خيارات يتم الاختيار منها أو تعطى خيارات لكل فراغ أو لا تعطى خيارات إطلاقاً.

13. **اختبار حذف الأفعال.** هنا تحذف الأفعال من جمل أو فقرة أو مقال. ويطلب من الطالب وضع الفعل المناسب من بين خيارات عامة للفراغات كلها أو من بين خيارات خاصة بكل فراغ على حدة أو دون خيارات.

14. **اختبار حذف أدوات الشرط.** هنا تحذف أدوات الشرط من الفقرة أو الجمل. ويطلب من الطالب وضع أداة الشرط المناسبة من بين خيارات أو دون خيارات.

15. **اختبار حذف الصفات.** هنا تحذف صفات الأسماء ويطلب من الطالب إضافة الصفة المناسبة في كل فراغ من بين خيارات أو دون خيارات.

ويلاحظ في الاختبارات 9-15 أنه يجري قياس المفردات الوظيفية أو مفردات المحتوى كما يجري قياس الفهم في الوقت ذاته لأن وضع الكلمة المناسبة يتطلب فهم المعنى في المقام الأول. كما تقاس في هذه الاختبارات المقدرة النحوية التي تستدعي إحداث توافق بين الكلمة وسائر مكونات الجملة. مثال ذلك التوافق بين الصفة والموصوف في التذكير

والتأنيث والعدد (مفرد ومثنى وجمع) والحركة (مرفوع ومنصوب ومجرور) والتعريف (معرفة ونكرة).

في حالة حروف الجر (النوع 11)، يقاس فهم المعنى ووضع حرف الجر المناسب للفعل والمعنى. وفي حالة حروف النفي (النوع 12)، يقاس فهم المعنى واختيار الحرف المناسب نحوياً، فهناك حروف تنفي الماضي وحروف تنفي المضارع وحرَوف تنفي الجمل وحروف تنفي ا لأسماء.

وفي حالة الأفعال (النوع 13)، يقاس فهم المعنى وإحداث التوافق بين الفعل وظروف الزمان المذكورة وإحداث التوافق بين الأفعال ذاتها، كما يقال اختيار الفعل المناسب من حيث المعنى.

اختبارات تصحيح الفقرة:

هنا تعطى للطالب فقرة مكتوبة وعليه أن يصحح ما فيها من أخطاء. ويمكن أن يتخذ مثل هذا الاختبار أشكالاً عديدة منها ما يلي:

1. **اختبار أخطاء النحو.** صحح أخطاء النحو في الفقرة التالية.

2. **اختبار أخطاء المفردات.** صحح أخطاء استعمال المفردات في الفقرة التالية.

3. **اختبار أخطاء الإملاء.** صحح أخطاء الإملاء في الفقرة الآتية.

4. اختبار **أخطاء حروف الجر.** صحح أي خطأ في استخدام حروف الجر في الفقرة الآتية.

5. اختبار **كشف الخطأ.** صحح أي خطأ تجده في الفقرة الآتية. (هنا لا يحدد نوع الخطأ).

ويجوز أن تتخذ مثل هذا الاختبارات عدة اتجاهات من حيث التعليمات:

1. صحح الكلمات التي تحتها خط. هنا تحدد الكلمات الخطأ وعلى الطالب تصويبها.

2. صحح الكلمات التي تحتها خط إن كانت خطأ. هذا النوع أصعب من سابقه، لأن النوع الأول يقرر أن الكلمة خطأ وفي حاجة إلى تصويب، أما النوع الثاني فيطلب من الطالب تقرير ما إذا كانت الكلمة خطأ أم لا قبل أن يصوبها.

3. صحح الفقرة الآتية من حيث نوع محدد من الخطأ. هنا لا تحدد مواضع الخطأ، ولكن يحدد نوع الأخطاء مثلاً نحوية أو إملائية أو ترقيمية.

4. صحح الفقرة الآتية. هنا لا يحدد عدد الأخطاء ولا نوعها ولا موقعها.

ويجوز تبسيط الاختبار بجعله يتناول تصحيح الجملة، بدلاً من تصحيح الفقرة. كما يجوز توسيعه بجعله يتناول تصحيح المقال.

اختبارات تحليل الفقرة:

تعطى للطالب فقرة سليمة أو فيها بعض الأخطاء المقصودة ويطلب من الطالب الإجابة عن أسئلة معينة. ورغم أن اختبارات تحليل الفقرة في

معظمها لا تحتوي على إنتاج كتابي، إلا أنها وثيقة الصلة بالمقدرة على كتابة فقرة، إذ إن من لا يستطيع التعرف على عناصر فقرة مكتوبة فهو بالأحرى لا يستطيع إنتاج مثل هذه العناصر. ومثال ذلك ما يلي:

1. **اختبار اختيار العنوان.** اقرأ هذه الفقرة (أو المقالة) واختر لها عنواناً مناسباً من بين أربعة خيارات.

2. **اختبار وضع العنوان.** اقرأ الفقرة أو المقالة وضع لها عنواناً مناسباً.

3. **اختبار فرز الجملة الرئيسية.** اقرأ المقالة التالية وضع خطأ تحت الجملة الرئيسية في كل فقرة.

4. **اختبار فرز الكلمة الرئيسية.** اقرأ الفقرة الآتية وضع خطأ تحت الكلمة الرئيسية فيها.

5. **اختبار الجمل الثانوية.** اقرأ الفقرة الآتية وبَيِّن أرقام الجمل الثانوية التي تساند الجملة الرئيسية.

6. **اختبار فرز الجمل المساندة.** اقرأ الفقرة الآتية وبين رقم الجملة المساندة لكل جملة مما يلي.

الاختبارات 3-6 قائمة على أساس أن الفقرة تتكون في العادة من

جملة رئيسية واحدة تساندها عدة جمل ثانوية، كل منها تساندها جملة واحدة أو أكثر تدعى جملة مساندة. وتسهيلاً للسؤال والجواب هنا، يوضع رقم متسلسل عند بداية كل جملة في الفقرة.

7. **اختبار الجملة الدخيلة.** اقرأ الفقرة التالية وبيِّن رقم الجملة الدخيلة، أي الجملة التي لا علاقة لها بموضوع الفقرة. وهذا مقياس لفهم وحدة الفقرة.

8. **اختبار تصميم هيكل الفقرة.** اقرأ الفقرة الآتية وصمم هيكلاً (أو مخططاً) لها. وهذا يقيس مدى فهم الطالب لطريقة تركيب الفقرة: الجملة الرئيسية والجمل الثانوية والجمل المساندة. كما يقيس قدرة الطالب على ترتيب مثل هذا الهيكل. ويمكن أن يبدو المخطط هكذا:

أ.

1.

أَ.

بَ.

2.

أَ.

بَ.

ب.

1.

أَ.

بَ.

ويلاحظ أن أ تعطى للفكرة في الفقرة (وهي الفكرة التي تقدمها الجملة الرئيسـية). وتعطـى 1، 2، 3 للفكرة الثانوية، وتعطى أَ، بَ، جَ للفكرة المساندة.

9. **اختبار تحليل تعابير الربط.** اقرأ الفقرة الآتية وضع خطأ تحت كل واحد من تعابير الـربط التي تربط الجملة بالجملة السابقة أو الجملة اللاحقة.

ومن أمثلة ذلك أولاً، ثانياً، وخلاصة القول، وزيادة على هذا، والسبب هو، ولكن.

ويجوز أن يكون مثل هذا الاختبار محدداً أكثر. مثال ذلك:

أ. ضع خطاً تحت عبارات التعداد. (مثال ذلك: أولاً، أخيراً.)

ب. ضع خطاً تحت عبارات الاستنتاج. (مثال ذلك: ولهذا، ولذلك، والنتيجة هي.)

ج. ضع خطاً تحت عبارات التلخيص. (مثال ذلك: وصفوة القول، وخلاصة القول، وباختصار.)

د. ضع خطاً تحت عبارات الاستدراك. (مثال ذلك: ولكن، وبالرغم من ذلك، وعلى كل حال.)

هـ.ضع خطاً تحت عبارات السببية. (مثال ذلك: وسبب هذا، ويعود السبب إلى، ويعزى الأمـر إلى.)

10. **اختبار العلاقات الجُمْلية.** اقرأ الفقرة التالية وبين العلاقات

بين كل جملة والجملة السابقة لها. وتكون العلاقة واحدة مما يلي: علاقة سببية (أي الثانية سبب للأولى)، علاقة أثرية (أي الثانية نتيجة للأولى)، علاقة استثنائية، علاقة جوابية (أي الثانية جواب لسؤال في الأولى)، علاقة تعميمية (أي الثانية تعميم لحالات سبق ذكرها)، علاقة تمثيلية (أي الثانية مثال للأولى)، علاقة إيجازية (أي الثانية إيجاز لما سبق).

11. اختبار تحليل توكيد الفقرة. لكل فقرة في العادة اتجاه معين في الترتيب: مكاني، زماني، من السبب إلى النتيجة، من النتيجة إلى السبب، من الماضي إلى الحاضر، من الحاضر إلى الماضي، من الخاص إلى العام، من العام إلى الخاص. هنا يأتي الاختبار ليقيس مدى فهم الطالب لاتجاه الترتيب في الفقرة. وقد يقول إن هذا الاختبار قياس للفهم وليس للكتابة. هذا صحيح. ولكن أحد عوامل القدرة الكتابية هو مدى قدرة الطالب على تحليل فقرة مكتوبة لتكون بذلك أنموذجاً له عندما يكتب.

12. اختبار كتابة الجملة الرئيسية. اقرأ الفقرة الآتية وضع لها جملة رئيسية في أولها. أو اقرأ المقالة الآتية وضع جملة رئيسية افتتاحية تناسب كل فقرة فيها.

13. اختبار إضافة الروابط. ضع كلمة مناسبة في بداية كل جملة في الفقرة التالية تربطها بالجملة السابقة لها. ويجوز أن يكون الاختيار من متعدد لكل فراغ في بداية الجملة، كأن تظهر أربعة اختيارات في الفراغ الواحد يختار الطالب واحداً منها. ويجوز أن يكون الاختيار لكل فراغ من

متعددة عامة للفقرة جمعيها؛ مثال ذلك أن تظهر عشرة اختيارات قبل الفقرة ويكون في الفقرة ثمانية فراغات، فيختار الطالب لها ما يناسبها من الروابط العشرة. ويجوز أن تذكر نوعية الرابط في الفراغ وعلى الطالب تحويل النوعية إلى رابط مناسب من حيث المعنى والمبنى (مثال 26).

مثال (26)
اكتب الرابط المناسب حسب النوعية المذكورة في بداية كل جملة في الفقرة التالية مع تعديل بداية الجملة إذا لزم ذلك مع إضافة أية علامات ترقيم حيثما يلزم ذلك:
أركان الإسلام خمسة. ــــ (تعداد) الشهادتان و ــــ (ضمير) شهادة أن لا إله إلاّ الله وشهادة أن محمداً عبده ورسوله. و ــــ (اسم إشارة) الشهادتان أساس الإسلام ــــ (سبب) لا إسلام دونهما ولأن من قالهما دخل من الإسلام. و ــــ (تعداد) الصلاة... إلخ.

14. **اختبار تصحيح الروابط.** هنا يعطى الطالب فقرة ويطلب منه أن يصحح الروابط بين الجمل. أو صحح الروابط إن كانت خطأ أو صحح الروابط التي تحتها خط. أو صحح الروابط التي تحتها خط إن كانت خطأ، كما في مثال (27).

مثال (27)
صحح الروابط التي تحتها خط إن كانت خطأ في الفقرة الآتية:
أركان الإسلام خمسة. مثلاً الشهادتان. وهي شهادة أن لا إله إلاّ الله وشهادة أن محمداً عبده ورسوله. وهذه الشهادتان أساس الإسلام. والثانية الصلاة خمس مرات في اليوم. ومن شروطه الوضوء والنية والطهارة. والركن الثالث الصيام في شهر رمضان. وعلى الصائمة الامتناع عن الطعام والشراب من قبيل الفجر إلى الغروب.

اختبارات الإنشاء الموجَّه:

هنا يكتب الطالب فقرة أو مقالة (حسب التعليمات) استجابة لحافز معين. وهي تختلف عن اختبارات الإنشاء الحر التي سنتحدث عنها لاحقاً في هذا الفصل. ومن أمثلة اختبارات الإنشاء الموجه ما يلي:

1. **اختبار التعليق على فلم.** شاهد الفلم الآتي واكتب فقرة (أو مقالة) عما شاهدت.
2. **اختبار وصف الصورة.** دقق في الصورة الآتية واكتب فقرة عنها.
3. **اختبار التعليق على مقابلة.** استمع إلى المقابلة الآتية بين موظِّف

ومرشَّح لوظيفة، واكتب فقرة أو مقالة عن شخصية المرشَّح.

4. اختبار الرد على رسالة. اقرأ هذه الرسالة الموجهة مــن صـديق إلى صـديق واكتب رسالة جواباً عنها. ويمكن أن تكون الرسالة رسمية أيضاً. وتوضع العلامة في حالة الرسائل على حسـن بداية الرسالة وحسن نهايتها وحسن جوهرها شكلاً ولغة.

5. اختبار التكملة. اقرأ الجملة الرئيسية الآتية واكتب فقرة تكملة لها. مثال ذلك: على المسلم أن يؤدي الصلاة خمس مرات في اليوم. مثال آخر: أركان الإسلام خمسة. مثال ثالـث: هنـاك أسباب عديدة تودي إلى حوادث السير. مثال رابع: لقد اخترتُ هذه المدرسة لأسباب عديدة. مثال خامس: هناك عدة أخطار صحية ناجمة من التدخين.

6. اختبار وصف الخريطة. انظر إلى هذه الخريطة واكتب فقرة تصف فيهـا مـا تحتـوي عليـه الخريطة من مدن وجبال وبحيرات وبحار مبتدئاً من الشمال متجهاً نحو الجنوب.

7. اختبار تطوير المخطط. اقرأ هذا المخطط (وهو مخطط للأفكار الرئيسية لفقرة) وحوِّله إلى فقرة (مثال 28). أو اقرأ مخطط المقالة وحوله إلى مقالة.

مثال (28)

حول هذا المخطط إلى فقرة:

الصلوات الخمس

1. صلاة الفجر

أ. الوقت

ب. عدد الركعات

2. صلاة الظهر

أ. الوقت

ب. عدد الركعات

3. صلاة العصر

أ. الوقت

8. **اختبار وصف الجدول.** انظر إلى هذا الجدول وحوله إلى فقرة (مثال 29).

ب. عدد الركعات
4. صلاة المغرب
أ. الوقت
ب. عدد الركعات
5. صلاة العشاء
أ. الوقت
ب. عدد الركعات

مثال (29)
حول الجدول التالي إلى فقرة حول مقارنة بين طرق قضاء العطلة في عام 1975م و 1999م.

الطريقة	1975م	1999م
السفر إلى الخارج	%4	%17
على الشواطئ	38	31
مخيمات	8	31
زيارة أقارب وأصدقاء في مدن أخرى	11	10
زيارة مدن أخرى	16	3
البقاء في المنزل	23	8
المجموع	%100	%100

اختبارات الإنشاء الحر:

يختلف الإنشاء الحر في الإنشاء الموجه في أن الأول يعطي الطالب حرية كاملة في تناول الموضوع في حين أن الثاني، أي الموجَّه، يقيّد الطالب بتعليمات محددة تتعلق بالأفكار المراد تناولها.

يطلب من الطالب في الإنشاء الحر أن يكتب عن موضوع محدد، ويجوز أن يعطى الطالب حرية اختيار موضوع من بين ثلاثة أو أربعة موضوعات. ولكل اتجاه محاسنه ومآخذه. إن تحديد موضوع واحد يكتب

عنه جميع الطلاب أفضل من ناحية موضوعية التدريج، إذ يوضع جميع الطلاب في موقف واحد فتكون المقارنة بينهم أسهل وأدق. أما تخيير الطالب ليختار موضوعاً من بين عدة موضوعات فهو أيسر على الطالب إذ يعطى كل طالب الفرصة ليكتب فيما يعتقد أنه يعرف عنه أكثر، وبذا لا يجبر الطالب على الكتابة في موضوع معرفته عنه ضئيلة أو محدودة، ولكن التخيير يجعل التدريج أصعب على المعلّم لأن الطلاب سيكتبون عن موضوعات مختلفة، مما يجعل المقارنة بينهم أصعب.

ويشترط في الموضوع أو الموضوعات أن تكون في مستوى الطلاب المعرفي، إذ ليس من المقبول أن يطلب من الطالب أن يكتب في موضوع لا يعرفه سوى المختصين. ويجب أن نتذكر أن الهدف من الإنشاء الحر هو قياس قدرة الطالب على التعبير الكتابي، وليس قياس تحصيله المعرفي. وذا يجب تجنب موضوعات من مثل ما يلي لأنها موضوعات تخصصية: أنواع الأقمار الاصطناعية، أسباب مرض السرطان، معالجة الإدمان الكحولي، الفرق بين القنابل الذرية والقنابل النووية، صناعة الورق، الخلية النباتية والخلية الحيوانية، والاستنساخ.

ويجب، عوضاً عن ذلك، التوجه إلى موضوعات مألوفة لمعظم الطلاب تقع ضمن تجاربهم واهتماماتهم. مثال ذلك: صِفْ بستاناً في فصل الربيع، علاقتك مع والديك، مشكلاتك الدراسية، الموضوع الدراسي المفضل لديك، صفات المواطن الصالح، واجبات الأب نحو أبنائه، وصفات المعلّم المثالي. مثل هذه الموضوعات ذات طبيعة عامة يقدر على الكتابة فيها معظم الطلاب، إن لم يكن جميعهم.

ومن الممكن في اختبارات الإنشاء الحر توجيه تعليمات من مثل ما يلي:

1. اكتب فقرة واحدة عن الموضوع الآتي.

2. اكتب فقرة واحدة عن أحد الموضوعات الآتية.

3. اكتب فقرة تتكون من جملة رئيسية واحدة في أولها وتحتوي على ثلاث جمل ثانوية، كل واحدة منها متبوعة بجملتين مساندتين.

4. اكتب فقرة واحدة عن الموضوع الآتي، تحتوي على عشر جمل على الأقل.

5. اكتب مقالة تتكون من أربع فقرات عن الموضوع الآتي، كل فقرة تتكون من جملة رئيسية متبوعة بسبع جمل.

6. اكتب فقرة تتراوح كلماتها بين 100-200.

مثل هذه التحديدات تفيد في تنبيه الطالب إلى ما هو متوقع منه؛ وبذلك، يصبح الاختبار أكثر موضوعية وأكثر تحديداً. لو قلنا للطالب اكتب عن موضوع ما دون أي تحديد، فقد يكتب الطالب فقرة واحدة وقد يكتب مقالة من فقرتين أو ثلاث أو خمس فقرات. وقد يكتب مئة كلمة أو ألف كلمة. من الأفضل للطالب والمعلِّم على حد سواء أن يتحدد المطلوب بمحدِّدات كمية ونوعية حتى يصير المطلوب أوضح لدى الطالب ويصير التدريج أدق وأعدل لدى المعلم.

اختبارات التلخيص:

يعتبر التلخيص من إحدى مهارات الكتابة. وهو في الواقع يعتبر مـن الإنشاء الموجَّه، وليس الإنشاء الحر، لأن النص يتحكم في محتوى التلخيص. والتلخيص ليس مهارة كتابيـة خالصـة، إذ يعتمد أولاً على استيعاب المقروء متبوعاً بالتعبير الكتابي عَمَّا تَمَّ استيعابه.

ويمكن أن تتخذ تعليمات اختبار التلخيص عدة أشكال منها:

1. اقرأ المقالة الآتية ولخصها في فقرة واحدة.

2. لَخِّص النص التالي في فقرة لا تزيد عن عشرة سطور.

3. لخص ما يلي في فقرة لا تزيد عن مئة كلمة.

4. لخص ما يلي إلى الثُّلْث (أو الربع أو الخمس) من حيث عدد الكلمات.

طريقة التقييم:

بعض اختبارات الكتابة موضوعية مثل اختبارات الإملاء والترقيم والكتابة المقيدة. مثل هـذه الاختبارات لا تشكل صعوبة في تدريجها، أي وضع العلامة المناسبة لها. ولكن بعض اختبـارات الكتابة ذاتية مثل اختبارات الإنشاء الحر واختبارات الإنشاء الموجَّه واختبارات التلخيص. ولـد دلت أبحاث إحصائية أن هناك تفاوتاً لا بأس به بين المـدرِّجين في اختبـارات الإنشاء الحـر. وهناك عدة طرق لتدريج الإنشاء الحر وسواه من

اختبارات الكتابة الذاتية. من هذه الطرق ما يلي:

1. الطريقة الانطباعية. يقرأ المعلم الفقرة أو المقالة ويضع لها علامة حسب الانطباع العام الذي تكون لديه. وهي طريقة سريعة للتقييم، لكنها أقل ثباتاً من سواها من الطرق التحليلية أو الآتية.

2. الطريقة الجماعية. هنا يشترك في التقييم أكثر من مقيِّم واحد، مثلاً اثنان أو ثلاثة. ويضع كل منهم علامة للفقرة التي كتبها الطالب. ثم يُحْسَب المتوسط الحسابي للعلامتين أو الثلاث، فيكون هذا المتوسط علامة الفقرة أو المقالة. ومثل هذه الطريقة تستغرق وقتاً أطول بطبيعة الحال، إذ تستغرق من الوقت ثلاثة أمثال ما تستغرق الطريقة الانطباعية إذا كان هناك ثلاثة مقيِّمين. لكن الطريقة الجماعية أكثر ثباتاً في التدريج وأقل ذاتية، لأن العلامة هي متوسط لتقديرات ثلاثة أشخاص بدلاً من شخص واحد.

3. الطريقة التحليلية. بموجب هذه الطريقة تحلل الكتابة إلى عناصر هامة من مثل القواعد والمفردات والأسلوب والمحتوى والإملاء والترقيم. هذه العناصر الستة توضع لكل منها علامة من 10 مثلاً، ثم تجمع علامات العناصر الستة لاستخراج علامة من ستين، ثم يجري تعديلها لاستخراج علامة من مئة. أو توضع لكل عنصر علامة على مقياس خماسي هكذا:

العنصر	5	4	3	2	1
القواعد					
المفردات					
الأسلوب					
المحتوى					
الإملاء					
الترقيم					
المجمــوع = ــــ من 30					

وتعنى هذه العناصر ما يلي:

1. القواعد. ما مدى صحة قواعد المادة المكتوبة؟ الدرجة العليا هي 5 والدنيا هي 1.

2. المفردات. ما مدى مناسبة المفردات للمعاني المقصودة والجمل المستخدمة؟

3. الأسلوب. ما مدى سلامة التعبير وترتيب الجمل والأفكار؟

4. المحتوى. ما مدى كفاية المحتوى وعلاقته وملاءمته؟

5. الإملاء. ما مدى التقيد بالصحة الإملائية؟

6. الترقيم. ما مدى صحة الترقيم؟

ويمكن بالطبع إضافة عناصر أخرى من مثل المخطط. ويمكن تحويل العلامة إلى أي مقام مطلوب، إذ تحول من 30 إلى 50 أو 100 أو أكثر أو أقل بعملية حسابية بسيطة.

الطريقة التحليلية أكثر صدقاً وثباتاً من الطريقة الانطباعية، لأنها تحلل الكتابة إلى عدة عناصر يقيَّم كل منها على حدة. ولكن ما يخشى هنا هو أن تؤثر علامة عنصر على العناصر الأخرى سلبياً أو إيجابياً. فقد يتأثر بعلامة عالية لعنصر ما فيميل إلى رفع علامات العناصر الأخرى، أو يكون التأثر سلبياً إذا كانت علامة عنصر ما منخفضة جداً. وفي العادة، هناك ترابط موج عال بين العناصر. فمن كان جيداً في القواعد يكون عادة جيداً في الإملاء والمفردات وسواها من العناصر. ومن كان ضعيفاً في عنصر ما يكون في العادة ضعيفاً في سواه من العناصر.

4. الطريقة الآلية. وهي طريقة سريعة موضوعية ثابتة، ولكنها أقل الطرق صدقاً. هنا يقرر المقيِّم أن يخصم عدداً من العلامات لكل خطأ، مثلاً يخصم علامتين عن كل خطأ. وقد يخصم علامات متفاوتة حسب نوع الخطأ: مثلاً علامة عن كل خطأ إملائي، ثلاث علامات عن كل خطأ قواعدي، علامتين عن كل خطأ في الترقيم، أربع علامات عن كل خطأ في المفردات.

ومهما قرر المقيِّم حسب الطريقة الآلية، فإن هناك مجالاً واسعاً دائماً للاختلاف والاعتراض. لماذا ثلاث علامات للخطأ النحوي مثلاً؟ لماذا ليس علامتين أو أربع؟ ولماذا الخصم المتساوي لكل أنواع الأخطاء؟ ولماذا لا نخصم أقل؟ ولماذا لا نخصم أكثر؟

وهناك نقطة هامة جداً هنا. إن هذه الطريقة (الآلية) تعني أن

الطالب الذي يكتب أكثر سيكون معرضاً للخسارة أكثر سيكون معرضاً للخسارة أكثر من الذي يكتب أقل. وبعملية ذهنية بسيطة سوف يكتشف الطالب قوانين اللعبة وسوف يقرر أنه من الأفضل له أن يتحاشى الإطالة في الكتابة ليقلل من احتمالات الأخطاء.

وهناك نقطة أخرى لا تقل أهمية. إن الكتابة الخالية من الأخطاء لا تدل على القدرة الفائقة للطالب بالضرورة، بل قد تدل على تطبيق الطالب لسياسة تجنب الخطأ، أي أنه يهرب من التراكيب أو الكلمات التي قد يخطئ فيها. إن الطالب الذكي يستطيع أن يفطن لهذه الحيلة، أي حيلة الهروب من المناطق الوعرة، وبهذا فهو لا يخطئ، ليس لأنه يعرف، بل لأنه احتال على الموقف بذكاء. وقد يقول قائل إن الطالب الذي يوصله دهاؤه وذكاؤه إلى هذه الحيلة يكون في العادة على درجة عالية من الذكاء بحيث يكون جيداً في قدرته اللغوية، فلا يحتاج أصلاً إلى هذه الحيلة. وهذا قول صحيح على الأرجح.

خلاصة:

تقاس المقدرة الكتابية باختبارات تعرفية أحياناً واختبارات إنتاجية غالباً. كما تقاس باختبارات موضوعية واختبارات ذاتية. كما تقاس على عدة مستويات: الحرف والخط والإملاء والترقيم والكتابة المقيدة والإنشاء الموجه والإنشاء الحر. كما تقاس الكتابة بعملية الكتابة ذاتها وبتحليل نصوص مكتوبة بحثاً عن عناصر كتابية خاصة.

الإملاء يقاس موضوعياً بالإنتاج أو التعرف. ويقاس بالاستكتاب والدمج والاختيـار مـن متعدد والاشتقاق والإضافة وكشف الخطأ. والترقيم يقاس موضوعياً أيضاً بالسؤال عـن عـدد علامـات الترقيم و/أو نوعها و/أو موقعها.

وتقاس الكتابة المقيدة بالسؤال عـن المفـردات (مرادفـة أو مضـادة)، أو بتحويـل الفعـل أو الفاعل، أو دمج الجمل، باختبار الإضافة أو باختبار الحذف المنتظم أو باختبار حذف الحروف أو باختبار الصفات أو أية اختبارات مشابهة.

ويمكن قياس الكتابة عـن طريق اختبارات تصحيح الفقرة أو اختبارات تحليلها. وهناك اختبارات الإنشاء الموجه واختبارات الإنشاء الحر.

وجميع اختبارات الكتابة يمكن أن تكون موضوعية إلاّ اختبارات الإنشاء الموجه والإنشاء الحر، فهي ذاتية تحتاج إلى عناية فائقة في تدريجها لتحقيق الصدق والثبات. ولتدريج اختبار الكتابة الذاتي، هناك الطريقة الانطباعية والطريقة التحليلية والطريقة الجماعية والطريقة الآلية. ولكل من هذه الطرق مزاياها وعيوبها.

أسئلة وتمارين (9)

1. كيف يمكن للمعلم تنظيم عملية الإملاء الشفهي في أثناء إجراء الاختبار؟

2. اعمل اختبار إملاء من عشرة بنود عن طريق دمج الوحدات.

3. اعمل اختبار إملاء من عشرة بنود عن طريق الاشتقاق؟

4. كيف يقاس الإملاء عن طريق كشف الخطأ؟

5. اعمل اختبار ترقيم محدداً النوع والعدد دون تحديد المواقع.

6. اعمل اختبار ترقيم محدداً المواقع دون تحديد النوع.

7. اعمل اختبار كتابة مقيدة بتحويل الفاعل.

8. ما هي أنواع اختبارات التحويل في الكتابة المقيدة؟

9. اعمل اختبار حذف منتظم لقياس المقدرة الكتابية.

10. أيهما أصعب اختبار حذف منتظم يحذف الكلمة السابعة أم اختبار يحذف الكلمة الرابعة؟ لماذا؟

11. ما أنواع اختبارات الحذف لقياس الكتابة المقيدة؟

12. ما أنواع اختبارات تصحيح الفقرة؟

13. اعملْ اختباراً شاملاً يتناول تحليل الفقرة. اكتب فقرة متبوعة بأسئلة تحليل متنوعة.

14. ما الوسائل المختلفة التي تستخدم في اختبارات الإنشاء الموجه؟

15. اعمل اختبار إنشاء موجه باستخدام جدول.

16. هل اختبار التلخيص اختبار نقي لقياس القدرة الكتابية؟ لماذا؟

17. ما الطرق المتنوعة لتقييم الإنشاء الحر؟

18. أي نوع من الاختبارات الكتابية أصعب في التدريج؟ ولماذا؟

الفصل العاشر

اختبارات الترجمة

الترجمة أنواع بطبيعة الحال، وبذلك تتنوع اختبارات الترجمة بتنوع عمليـات الترجمـة ذاتهـا. هناك أنواع للترجمة حسب اتجاهها: ترجمة من اللغة س إلى اللغة ص وترجمة من اللغـة ص إلى اللغة س. وهناك ترجمات حسب الموضوع: ترجمة أدبية، ترجمة تجارية، ترجمة قانونيـة، ترجمة علمية، ترجمة طبية، ترجمة إعلامية ... إلخ.

وهناك ترجمات حسب الوسيلة. قد يكون الأصل مسموعاً والترجمة شفهية، هنا تكون الترجمة سمعية شفهية. وقد يكون الأصل مكتوباً والترجمة شفهية، هذه ترجمة كتابية شفهية. وقد يكون الأصل مسموعاً والترجمة كتابية، هذه ترجمة سمعية كتابية. وقد يكون الأصل مكتوباً والترجمة كتابية، هذه ترجمة كتابية كتابية. وهذا يعطينا أربعة أنواع من الترجمة حسب الوسيلة.

وهناك ترجمات حسب العلاقة الزمنية بين إدراك الأصل وترجمته. فإذا تزامن إدراك الأصل مع عملية الترجمة كانت الترجمة فورية. وإذا تتابعا دون فافصل زمني بعيد، كانت ترجمة تتابعية.

وهناك ترجمات من حيث مدى النص. فقد تكون الترجمة لفقرة أو مقالة، وقد تكون ترجمة لجمل متقطعة.

وحيث أن هناك أنواعاً عديدة من الترجمة، فهناك أنواع تماثلها من اختبارات الترجمة سنتحدث عنها فيما يلي.

اختبار الترجمة من اللغة الأجنبية:

في حالتنا في البلاد العربية، تكون اختبارات الترجمة عادة من الإنجليزية إلى العربية. وقد تكون لنص طويل مثل المقال أو نص متوسط الطول مثل الفقرة أو نص قصير مثل الجملة. وقد يكون النص مسموعاً أو مكتوباً، والنص المكتوب أسهل من النص المسموع لأن الطالب يستطيع أن يطيل النظر في النص المكتوب ولا يستطيع بالمقابل أن يتفحص النص المسموع في جو الاختبار الجماعي، إذ لا يستطيع الطالب أن يتحكم في سرعة سماعه للنص المسموع.

والترجمة من الإنجليزية إلى العربية أسهل من الترجمة في الاتجاه المعاكس، أي من العربية إلى الإنجليزية. ذلك بأن الترجمة

عامة تستدعي أمرين: أولاً فهم النص باللغة س والتعبير عنه باللغة ص. وبما أن العربية هي اللغة الأم في حالتنا والإنجليزية هي اللغة الأجنبية فإن التعبير بالعربية أسهل على طلابنا العرب من التعبير بالإنجليزية، ولذلك تكون الترجمة إلى العربية أسهل من الترجمة إلى الإنجليزية.

اختبار الترجمة من اللغة الأم:

هذا الاختبار يعاكس الاختبار السابق في الاتجاه، وهو أصعب منه كما شرحنا. وقد يكون النص العربي مقالة أو فقرة أو جملاً متفرقة. كما يمكن أن يكون النص مسموعاً أو مكتوباً. كما يمكن أن يكون الجواب شفهياً أو كتابياً. والأشيع أن يكون النص مكتوباً والجواب مكتوباً أيضاً، إلاّ في حالة الترجمة الفورية والترجمة التتابعية حيث يكون فيهما النص مسموعاً والجواب شفهياً.

اختبار الترجمة التخصصية:

في حالات الترجمة المتخصصة، يكون الاختبار خاصاً بموضوع ما. فهناك الترجمة الأدبية (لنصوص أدبية). وهناك الترجمة القانونية والترجمة الإعلامية والترجمة الإدارية والترجمة التجارية والترجمة العلمية. ويمكن تفريع الترجمة العلمية إلى عشرات الفروع من مثل الترجمة الطبية والزراعية والهندسية والكيميائية والفيزياء والبيولوجية والنفسية والتربوية.

وهنا مشكلة في الترجمة في حد ذاتها. فهل يستطيع المترجم غير المختص بالحقل العلمي أن يترجم ترجمة دقيقة؟ هل يستطيع من لا يعرف الطب أن يترجم نصوصاً طبية مهما كانت مقدرته اللغوية؟ البعض يرى أن الترجمة التخصصية لا يمكن أن تكون مأمونة ودقيقة إلاّ إذا قام بها متخصص في الحقل العلمي ذاته يمتلك قدرة عالية في اللغتين.

اختبار الترجمة العامة:

مثل هذا الاختبار يخالف اختبار الترجمة التخصصية. هنا النص عام من حيث محتواه لا يتطلب متخصصاً في حقل ما من حقول المعرفة.

اختبار الترجمة الفورية:

هنا يسمع الطالب نصاً ويترجمه شفهياً فوراً، أي يكون السؤال والجواب شبه متزامنين. ومثل هذا الاختبار فردي في العادة، لأن المعلم لا يستطيع اختبار عشرين طالباً في وقت واحد في مثل هذه الحالة.

ولتحقيق العدل، يجب أن يكون النص المسموع موحداً يستمع إليه الطلاب فرادى بالتتابع مع المحافظة على السرية ليختبر كل الطلاب في ظروف اختبارية واحدة.

ويمكن أن يكون الاختبار جماعياً بإحدى طريقتين:

1. أن يسمع الطلاب معاً للنص من المعلم مباشرة أو من شريط سمعي، وأن يترجم كل منهم فوراً شفهياً في مختبر اللغات بحيث يسجل كل طالب جوابه على شريط سمعي. ثم يقوم المعلم بالاستماع لكل شريط على حدة ويضع العلامة المناسبة لكل طالب. ومثل هذه الطريقة تستدعي وجود أجهزة تسجيل جيدة ومختبر لغات ذي جودة عالية لضمان حدوث التسجيل ونقائه ووضوحه.

2. أن يسمع الطلاب معاً النص من شريط سمعي أو من المعلم مباشرة. ويقوم كل طالب بالترجمة الفورية كتابة. ثم يطلع المعلم على الإجابات ويضع علامة لكل طالب. هذه الطريقة ليست ترجمة فورية بالمعنى المثالي، لأن الترجمة الفورية سمعية (من حيث النص) شفهية (من حيث الترجمة). ولكن يمكن للمعلم استخدام هذه الطريقة (السمعية الكتابية) إذا لم يتوفر مختبر أو إذا لم يتوفر الوقت الكافي لاختبارات فردية لعدد كبير من الطلاب.

وبالطبع اختبار الترجمة الفورية يمكن أن يكون من اللغة س إلى اللغة ص أو من اللغة ص إلى اللغة س. ويمكن أن يكون النص متصلاً أو أن يكون جملاً متقطعة ذات مواضيع مختلفة. والنص المتصل أسهل للطالب عادة لأنه يعينه على فهم أحسن للجمل وذلك بفضل فهمه للسياق العام.

اختبار الترجمة التتابعية:

الاختبار هنا يشبه اختبار الترجمة الفورية من حيث أن كليهما سمعي

(من حيث النص) شفهي (من حيث الترجمة). والاختلاف بينهما ينحصر ـ في العلاقـة الزمنيـة بين النص والترجمة. في الترجمة الفورية يكون النص والترجمة في شبه تـزامن، إذ تـتم الترجمـة فور سماع جزء من النص ولو كان هذا الجزء جزءاً من جملة أو كلمة أحيانـاً. أمـا في الترجمـة التتابعية فإن الترجمة تبدأ بعد سماع جملة كاملة أو أكثر من جملة.

وطريقة إجراء اختبار الترجمة التتابعية مطابق تمامـاً لطريقـة إجـراء اختبـار الترجمـة الفوريـة. الفارق بينهما كما ذكرنا ينحصر في العلاقة الزمنية بين إدراك النص الأصلي وإصدار الترجمة.

اختبار نظرية الترجمة:

هنا يهدف الاختبار إلى قياس معرفـة الطالـب بأصـول الترجمـة ومبادئهـا ونظرياتهـا بشـكل أساسي، لا بالترجمة الفعلية لنصوص معينة. وهذا النوع من الاختبار يمكن أن يكون موضوعيـاً أو مقالياً. والنوع الأول أولى وأفضل هنا.

اختبار الاختيار من متعدد:

هل يمكن استخدام الاختيار من متعدد في اختبارات الترجمة؟ الجواب نعـم، يمكـن، خاصـة في ترجمة الجمل. يمكن إعطاء جملة باللغة س ثم تقديم أربع تـرجمات لهـا، وعـلى الطالـب أن يختار البديل الصحيح.

مثل هذه الطريقة تجعل الاختبار موضوعياً تماماً.

اختبار تصحيح الترجمة:

هنا يعطى النص الأصلي وترجمته مكتوبتين. ثم يطلب من الطالب كشف الأخطاء في الترجمة وتصحيحها حيثما وجدت.

اختبار ملء الفراغ:

يعطى النص وترجمته مكتوبتين مع وجود فراغات في الترجمة، كل فراغ يدل على كلمة محذوفة. وعلى الطالب كتابة الكلمة المحذوفة بمقارنة النص مع الترجمة المصاحبة.

ويلاحظ أن معظم اختبارات الترجمة المستخدمة حالياً، إن لم تكن جميعها، لا تستخدم هذه الطرق الثلاث الأخيرة، بل تستخدم الطريقة التقليدية التي تطلب ترجمة النص. ولكن لا يوجد ما يمنع استخدام هذه الطرق في الواقع لأنها تحقق درجة عالية من الموضوعية من ناحية، كما يمكن بوساطتها انتقاء نقاط ترجمية معينة بحد ذاتها نظراً لأهميتها.

استخدام المعجم:

هل يجوز استخدام الطالب للمعجم في اختبارات الترجمة؟ هناك رأيان

في هذا الشأن. هناك من يرى أنه لا يجوز استخدام المعجم في اختبارات الترجمة، فكما أنه لا يجوز للطالب أن يستخدم مصادر إعانة خارجية في سائر الاختبارات فإنه لا يجوز له أن يستخدم معجماً في حالة اختبار الترجمة. المطلوب، حسب رأي هذا الفريق، هو قياس قدرة الطالب الفعلية دون استعانته بمصدر خارجي سوى دماغه الخاص.

وهناك فريق آخر يرى أن اختبار الترجمة يجب أن يضاهي العملية الطبيعية للترجمة. فكما أن المترجم في مكتب الترجمة يستعين بالمعجم باستمرار في عمله اليومي فعلينا أن نسمح للطالب أن يستعين بالمعجم في اختبار الترجمة. والمؤلف يميل إلى هذا الرأي الأخير رحمة بالطالب المسكين من ناحية ومضاهاة للموقف الترجمي الطبيعي من ناحية أخرى.

ومن المعروف أن الطالب الذي يفرط في الاستعانة بالمعجم في الاختبار يضيع الوقت ويقع في مزيد من الحيرة والارتباك. المعجم معين نافع إذا أحسن استخدامه في أثناء الاختبار على يد طالب نبيه ماهر. والأمر كله يتعلق أساساً بالقدرة اللغوية للطالب الضعيف لا يعينه ألف معجم، بل تزيد المعاجم من حيرته وارتباكه في الاختبار.

طبيعة النصوص:

يمكن أن يكون النص جملاً متنوعة أو فقرة متصلة، ولكل منهما ميزة على الأخرى. الجمل المتنوعة تعطي الطالب فرصة أكبر، حيث إذا

لم ينجح مع جملة ما فإن ينجح مع سواها من الجمل. وعيب الجمل المتفرقة سلخها من سياقها مما يعيق فهم خلفيتها أحياناً.

وأما الفقرة المتصلة فميزتها تواصلُ سياق جملها وَيسْرُ فهم الجملة ضمن سياقها الأوسع. وعيب الفقرة المتصلة أن الطالب قد يخسر كل شيء إذا ضلَّ الطريق في فهم النص وخاصة في أوله أو إذا تعثر في فهم مصطلح رئيسي يتكرر في النص أو فشل في ترجمته.

وقد يكون من المفيد الجمع بين النوعين في الاختبار الواحد أو استخدامهما بالتناوب في اختبارات متتالية.

مستوى الاختبار:

لاشك أن اختبارات الترجمة كسواها من الاختبارات تتفاوت في درجات الصعوبة. فالنص المكتوب أيسر من النص المسموع إذا تساوت العوامل الأخرى لأنه يعطي الطالب فرصة أوفر للتفكير. والترجمة المكتوبة أيسر من الترجمة الشفهية للسبب ذاته.

والترجمة العامة أيسر من الترجمة التخصصية. والترجمة التتابعية أيسر من الترجمة الفورية. والترجمة العادية أيسر من الترجمة التتابعية.

وهناك عوامل أخرى عديدة تتحكم في مستوى النص ومستوى الاختبار.

النص ذو المفردات العامة أيسر من النص ذي المفردات الخاصة. والنص ذو الجمل القصيرة أيسر فهماً وتعبيراً من النص ذي الجمل الطويلة. وعلى المعلم، في كل الأحوال، أن يختار المستوى المناسب لطلابه والمناسب لهدف المادة الدراسية.

طريقة التقييم:

يمكن تشبيه عملية الترجمة بعملية الإنشاء الموجه، فالطالب يكتب ولكنه خاضع للنص الأصلي من حيث المعنى والمحتوى. واختبار الترجمة يقيس فهم النص باللغة س من ناحية والتعبير عنه باللغة ص م ناحية أخرى. فهو يقيس مهارتين ولغتين في آخر واحد: مهارة الاستيعاب للغة س ومهارة الكتابة باللغة ص.

ويمكن أن تقيم الترجمة كما يقيم الإنشاء الحر والإنشاء الموجه (كما ذكرنا في الفصل السابق). هناك أربع طرق هي: الطريقة الانطباعية، والطريقة الجماعية، والطريقة التحليلية، والطريقة الآلية. وفي رأي المؤلف، إن الطريقة التحليلية أكثر الطرق الأربع صدقاً ومن أفضلها ثباتاً.

خلاصة

هناك عدة أنواع من اختبارات الترجمة: الترجمة من اللغة س إلى اللغة ص ومن ص إلى س، الترجمة العامة، الترجمة التخصصية، الترجمة

الفورية، والترجمة التتابعية.

وهناك اختبار يجوز فيه استخدام المعجم واختبار لا يجوز فيه هذا الاستخدام. وهناك اختبار الجمـل واختبـار النص المتصل وهنـاك اختبـار نظريـة الترجمـة ومبادئهـا. ويجـوز أن تكـون اختبارات الترجمة من نوع ملء الفراغ أو الاختيار من متعدد أوَ التصحيح.

وتجابه اختبارات الترجمة المشكلة ذاتها التي تواجه اختبار الكتابة الحـرة مـن حيـث طريقـة التقييم، إذ لابد من الاهتمام دائماً بالبحث عـن كـل الطرق الممكنـة مـن أجـل رفـع مسـتوى موضوعية التقييم وخفض مستوى الذاتية في تدريج الإجابات.

أسئلة وتمارين (10)

1. أيهما أصعب: اختبار الترجمة من اللغة الأم إلى اللغة الأجنبية أم بالعكس؟

2. ما أنواع اختبارات الترجمة التخصصية من حيث موضوع النص؟

3. ما أنواع اختبارات الترجمة من حيث وسيلة الاختبار ووسيلة الإجابة؟

4. أيهما أصعب: اختبار الترجمة الفورية أم التتابعية؟ ولماذا؟

5. ما صعوبات إجراء اختبار الترجمة الفورية؟

6. ما رأيك في استخدام المعجم في اختبار الترجمة؟

7. صمم اختباراً للترجمة بطريقة الاختيار من متعدد يتكون من عشرة بنود كـل منهـا بأربعـة اختيارات.

8. صمم اختباراً للترجمة بطريقة ملء الفراغ من العربية إلى الإنجليزية.

9. ما صعوبة التقييم في اختبارات الترجمة؟ وما هو السبيل إلى التغلب على هذه الصعوبة؟

الفصل الحادي عشر

اختبارات الأدب

تختلف اختبارات الأدب عن معظم الاختبارات اللغوية الأخرى في أنها تعطَى للطلاب في المستويات العليا: في نهاية المرحلة الثانوية وفي المراحل الجامعية المختلفة. ويوجد اعتقاد سائد خاطئ لدى الكثير من المعلمين أن الأدب لا يقاس إلاّ بأسئلة مقالية. والواقع أنه من الممكن قياس الأدب بالطريقة المقالية والطريقة الموضوعية. والأفضل في الحقيقة هو استخدام الطريقتين في كل اختبار أدب.

الاختبارات الموضوعية:

يجوز هنا استخدام اختبار ملء الفراغ، واختبار الاختيار من متعدد، واختبار الصواب والخطـ، واختبار المزاوجة، واختبار الجواب القصير. ويمكن أن تتناول مثل هذه الاختبارات الجانب المعرفي من مادة الأدب من مثل ما يلي:

1. من قال بيت الشعر التالي؟

2. من قال العبارة الآتية؟

3. متى ولد الكاتب...؟

4. متى توفي الكاتب...؟

5. في أي قرن عاش الكاتب...؟

6. ما بحر قصيدة كذا؟

7. من كاتب قصة كذا؟

8. من كاتب مسرحية كذا؟

9. من عاصر الشاعر كذا؟

10. من قال قصيدة كذا؟

11. في أي بلد عاش الكاتب كذا؟

12. في أي عصر أدبي عاش فلان؟

ويمكن السؤال عن أمثال الموضوعات السابقة بعدة طرق كما ذكرنا، منها ما يلي:

أ. **اختبار ملء الفراغ.** املأ كل فراغ بكلمة واحدة مناسبة:

1. قائل بيت الشعر هو ـــــ

2. ولد شكسبير في عام ـــــ

3. توفي أحمد شوقي في عام ـــــ

4. عاش أبو تمام في القرن ـــــ

5. بحر قصيدة "..." هو ـــــ

6. كاتب قصة "..." هو ـــــ

7. كاتب مسرحية "..." هو ـــــ

8. قائل قصيدة "..." هو ـــــــ

9. عاش جون كيتس في بلد ـــــــ

10. عاش البحتري في العصر ـــــــ

ب. **اختبار الاختيار من متعدد.** يمكن السؤال عن النقاط السابقة ذاتها باستخدام الاختيار من متعدد. مثال ذلك:

1. أبو العلاء المعري من شعراء (الحوليات، المعلقات، اللزوميات، القصيدة الحرة).

2. ولد شكسبير عام (1564م، 1465م، 1546م، 1456م).

3. عاش جرير في العصر (العباسي، الأموي، الأندلسي، الفاطمي).

4. كاتب الفردوس المفقود هو (بايرون، كوليرج، كيتس، ملتون).

ج. **اختبار الصواب والخطأ:** ضع كلمة (صواب) أو (خطأ) قبل رقم كل جملة مما يلي:

ـــــــ 1. ولد شكسبير عام 1645م.

ـــــــ 2. ملتون هو كاتب "الفردوس المفقود" باللغة الإنجليزية.

ـــــــ 3. أحمد شوقي من شعراء القرن العشرين.

ـــــــ 4. كان جرير معاصراً للفرزدق في العصر العباسي.

د. **اختبار الجواب القصير:** أجب عن الأسئلة الآتية إجابة قصيرة جداً (بكلمة أو كلمتين).

1. في أي عام ولد أحمد شوقي؟ ________
2. من قال قصيدة كذا؟ ________
3. في أي قَرن عاش حافظ إبراهيم؟ ________
4. في أي عصر عاش البحتري؟ ________

هـ **اختبار المزاوجة.** يمكن استخدام مثل هذا الاختبار لقياس معلومات أدبية محددة. ويمكن أن تتم المزاوجة بين مؤلفين وكتب، بين شعراء وقصائد، بين كُتَّاب وسنوات ميلادهم، بين كتاب وسنوات الوفاة، بين كتاب وقرون حياتهم، أو بين كتاب وعصور أدبية على سبيل المثال، لا على سبيل الحصر.

وهكذا يتبين أنه من الممكن قياس المعلومات الأدبية باختبارات الموضوعية، وليس بالاختبارات المقالية فقط.

الاختبارات المقالية (الذاتية):

الاختبارات الموضوعية تقيس عادة المعلومات الجزئية ولا تستطيع أن تقيس القدرة التعبيرية لدى الطالب في مجال الكتابة الأدبية، ولذلك، لابد من اختبارات مقالية في الأدب. ومثل هذه الاختبارات يمكن أن تطلب كتابة فقرة أو مقالة عن موضوع ما (حسب طول الإجابة المطلوبة

وحسب الزمن المتاح للاختبار). وفي العادة تسأل الاختبارات المقالية الأدبية أسئلة من مثل ما يلي:

1. اشرح بيت الشعر التالي.
2. اشرح العبارة التالية.
3. عَلِّق على قصيدة "...".
4. قارن بين شاعرَيْن.
5. قارن بين كاتبيْن.
6. قارن بين قصيدتين.
7. قارن بين مسرحيتين.
8. قارن بين روايتين.
9. اذكر وجوه الشبه بين كذا وكذا.
10. اذكر وجوه الاختلاف بين كذا وكذا.
11. كيف تعكس رواية كذا عصرها.
12. كيف أثر كذا على كذا؟
13. ما رأيك في كذا؟
14. صف ... أو بَيِّن ... أو حَلِّل ... .

ويستحسن أن يبين الاختبار حجم الإجابة المطلوبة محددة بعدد السطور أو الكلمات أو الفقرات. مثلاً، اكتب فقرة من حوالي عشرة سطور أو اكتب من حوالي 150 كلمة أو اكتب مقالة من ثلاث فقرات كل فقرة لا تزيد عن مئة كلمة عن موضوع كذا. مثل هذا التحديد يريح الطالب ويوفر وقته لأنه يحاط علماً سَلَفاً بما هو مطلوب منه، كما يساعد هذا التحديد المعلم في موضوعية التقييم لأنه يحاسب الطالب على ما طلب

منه صراحة فقط، إذ من غير المناسب أن يبقى المطلوب في "بطن الشاعر"، كما يقال، وهنا في "بطن الفاحص".

الاختبارات الشفهية:

يجوز، في المستويات العليا، أي في الدراسة الجامعية، وخاصة في الامتحان الشامل الذي تجريه بعض الجامعات لمرشح درجات البكالوريوس أو الماجستير أو الدكتوراة، أن يكون جزء من اختبار الأدب شفهياً: السؤال شفهي والجواب شفهي، إذ يدور نقاش شفهي بين الأستاذ والطالب.

اختبار الفهم:

في اختبارات الأدب، تقاس ثلاثة عناصر هامة على الأقل: المعرفة والتعبير والفهم. يقصد بالمعرفة العناصر المعلوماتية في المادة المتعلقة بالسيرة الحياتية للكاتب والمعلومات المكانية والزمانية والكمية المتعلقة به وبنشاطه الأدبي. وأفضل طريقة لقياس هذه المعلومات هي الاختبارات الموضوعية كما ذكرنا سابقاً. هنا تسأل أسئلة تتعلق بحياة الكاتب مكاناً وزماناً وإنتاجاته من حيث الماهية والعدد.

أما التعبير الأدبي فيقاس بالاختبارات المقالية كما ذكرنا سابقاً. ولكن اختبارات الأدب لا تتناول المعرفة المعلوماتية والتعبير فقط. هناك مجال لقياس الفهم: ماذا يفهم الطالب من نص أدبي ما، من عبارة ما، من جملة

ما، من كلمة ما؟ يمكن أن يقاس هـذا الفهـم بطريقـة موضـوعية إذا كـان المقصـود جملـة أو كلمة. ولكن إذا كان المقصود نصاً طويلاً. فيمكن أن يقاس الفهم بطريقة مقالية.

اختبار وجوه البلاغة:

يمكن أن يختبر الطالب في وجوه البلاغة اعتماداً عـلى نـص أدبي مـا. وتتوجـه الأسـئلة في هـذه الحالة (غالبـاً بطريقـة الاختبـار الموضـوعي) إلى وجـوه التشـبيه الضـمني والتشـبيه التمثـيلي والتشبيه البليغ والتشبيه المقلوب والتشبيه الصريح ووجـوه الاسـتعارة والمجـاز والطبـاق ومـا شابه ذلك حسبما تظهر في النص الأدبي.

تقييم اختبار الأدب:

إذا كان الاختبار موضوعياً فلا توجد مشكلة بشـأن طريقـة التقيـيم. ولكـن المشـكلة تنشـأ في العادة إذا كان الاختبار مقالياً. ومن أجل التغلب على هذه المشكلة، فمن المستحسـن مراعـاة ما يلي:

1. من الأفضل أن يتكون اختبار الأدب من جزأين: جزء موضوعي وجزء مقالي. ويـترك تحديـد النسبة بينهما لحكمة الأستاذ وخبرته واختياره، رغم أن المؤلف يرى أنه قد يكون من المناسب تحديـد حصيتها مناصـفة: نصـف العلامـة للجـزء الموضـوعي ونصـفها للجـزء المقـالي. الجـزء الموضوعي

يساهم في دقة القياس ورفع مستوى موضوعية الاختبار، والجزء المقالي يقيس قدرة الطالب على التعبير الأدبي وبالتالي يرفع صدق الاختبار. الجزء الموضوعي ضروري لرفع ثبات الاختبار والجزء المقالي ضروري لرفع صدق الاختبار. وبالتالي يصبح الاختبار متوازناً من حيث الصدق والثبات.

من المستحسن أن يقيس الاختبار الواحد العناصر الهامة الثلاثة وهي: المعرفة المعلوماتية والفهم والتعبير. ومن الممكن أن تأخذ المعرفة 20% من علامة الاختبار والفهم 30% والتعبير 50%. وبذلك يتوازن الاختبار من حيث شمولية عناصر القياس. وبالطبع، يجوز في اختبار قصير أن يتم قصر الاختبار على المعرفة أو الفهم أو التعبير، أي على عنصر واحد من العناصر الثلاثة. ولكن، في حالة الاختبار النهائي أو الشامل لابد من الاهتمام بالعناصر الثلاثة في الاختبار الواحد لإكسابه مزيداً من الصدق والشمول.

3. في حالة الاختبار المقالي للأدب، لابد من احتساب جزء من العلامة للصحة اللغوية. هنا يختلف المختلفون على نسبة هذا الجزء، إذ تتراوح النسبة بين 20-50% من العلامة. البعض يرى أن نصف العلامة يجب أن يعطى للصحة اللغوية (الإملاء والقواعد والترقيم) والنصف الآخر للمحتوى والأفكار. ولكن الجميع يتفقون على أنه لابد من إبراز أهمية الصحة اللغوية في اختبارات الأدب، لأنه لا يمكن قبول جواب جيد في محتواه ضعيف في لغته مليء بالأخطاء اللغوية من كل نوع.

4. في حالة الاختبار المقالي، ينصح بالتصحيح الأفقي للإجابات، وليس التصحيح العمودي. والمقصود بالتصحيح العمودي هو أن يقرأ الأستاذ جميع إجابات الطالب الواحد ويضع له علامة من 100 مثلاً. هذه الطريقة تعني في الواقع تأثر الأستاذ بفكرته المسبقة عن الطالب فور رؤيته لاسم الطالب في رأس الورقة سواء أكان الطالب جيداً أم غير ذلك.

طريقة التصحيح الأفقي هي أن يقرأ الأستاذ إجابات السؤال الأول فقط لجميع الطلاب ويقارن هذه الإجابات الواحدة بالأخرى ويصنفها تبعاً لذلك ويعطي لكل منها درجة مبنية على المقارنة. ثم ينتقل إلى إجابات السؤال الثاني لدى جميع الطلاب ويقارن ويضع العلامات للسؤال الثاني فقط مبنية على المنزلة التقارنية ين الطلاب، ثم ينتقل إلى إجابات الأسئلة الأخرى يعاملها بالطريقة الأفقية ذاتها. هذه الطريقة الأفقية المقارنة تجعل التقييم أكثر موضوعية والعلامة أقرب إلى العدل والدقة والأستاذ أكثر اطمئناناً ونزاهته وموضوعيته وعلاماته.

خلاصة:

يمكن اختبار الأدب بالطريقة الموضوعية وبالطريقة المقالية معاً. وتستخدم الطريقة الموضوعية بشكل رئيسي لقياس الجانب المعرفي من الأدب والجانب الاستيعابي، أما الطريقة المقالية فتستخدم لقياس الجانب التعبيري في الأغلب.

ويمكن أن تكون اختبارات الأدب كتابية، وهذا هو الأشيع. ولكن من الممكن أن تكون شفهية أيضاً. واختبار الأدب الشامل يمكن أن يتكون من ثلاثة جوانب: المعرفة والفهم والتعبير. ويجوز أن يشتمل الاختبار الواحد على جانب واحد من الجوانب الثلاثة إذا كان الاختبار أسبوعياً أو شهرياً، أي غير شامل.

وفي حالة الاختبار المقالي، لابد أن يخصص جزء من العلامة (20-50%) للصحة اللغوية، إذ ليس من المعقول أن تعطى العلامة كلها لمحتوى الإجابة دون الالتفات لصحة اللغة نحواً وإملاء وترقيماً. ومما ينصح به أن يتم تقييم الاختبار المقالي بالطريقة الأفقية: أن يقرأ الأستاذ إجابات السؤال الأول لدى جميع الطلاب ويفرزها إلى مستويات نسبية ويضع علامة لكل طالب على السؤال الأول فقط، ثم ينتقل الأستاذ إلى إجابات السؤال التالي، وهكذا حتى يفرغ من الأسئلة كلها.

أسئلة وتمارين (11)

1. أعط أمثلة لمجالات الأسئلة الموضوعية في اختبارات الأدب.

2. صمم اختبار ملء الفراغ من عشرة بنود لقياس المعرفة الأدبية.

3. صمم اختبار الاختيار من متعدد من عشرة بنود لقياس المعرفة الأدبية.

4. صمم اختبار الصواب والخطأ من عشرة بنود لقياس المعرفة الأدبية.

5. صمم اختبار أدب بطريقة المزاوجة من عشرة بنود.

6. ما هي الجوانب الثلاثة التي يشملها اختبار شامل للأدب؟ وكيف يقاس كل جانب؟

7. ما دور الصحة اللغوية في تقييم اختبارات الأدب؟

8. ما المقصود بالطريقة الأفقية في تقييم اختبارات الأدب؟

مراجع للقراءة الإضافية

Allen, J. P. B., and Davies, Alan, eds. Testing and Experimental *Methods*. Edinburgh Course in Applied Linguistics, vol. 4. London: Oxford University Press, 1997.

Bloom, Benjamin S., Hastings, Thomas J., and Madaus, George F., eds. *Handbook on Formativ and Summative Evaluation of Student Learning*. New York: McGraw-Hill, 1991.

Buros, Oscar K., ed. *Foreign Language Tests and Reviews*. Highland Park, N. J. : Gryphon Press, 1995.

Clark, John L. K. *foreign Language Testing*: *Theory & Practice*. Philadelphia: Center for Curriculum Development, 1992.

Davies, Alan, ed. *Language Testing Symposium*: *A Psycholinguistic Approach*. London: Oxford University Press, 1988.

Harris, David P. *Testing English as a Second Language*. New York: McGraw-Hill, 1989.

Heaton, J. B. *Writing English Language Tests*: *A Practical Guide for Teachers of English as a Second for Foreign Language*. London : Longman, 1995.

Jones, Randall L., and Spolsky, Bernard, eds. *Testing Language Proficiency*. Arlington, Va. : Center of Applied Linguistics 1995.

Lado, Robert : *Language Testing* : *The Construction and Use of Foreign Language Tests*. London : Longman, 1981.

O'Brien M. C., ed. *Testing in Second Language Teaching*: *New Dimensions*. Dublin : Association of Teachers of English as a Second or Other Language and Dublin University Press, 1993.

Palmer, Leslie, and Spolsky, Bernard, eds. *Papers on Language Testing.* Washington: Teachers of English to Speakers of Other Languages, 1995.

Valette, Rebecca M. *Directions in Foreign Language Testing.* New York : MLA / ERIC, 1989.

——— , and Disick, Renee S. *Modern Language Performance Objectives and Individualization : A Handbook.* New York : Harcourt Brace Jovanovich, 1992.

اختبار كلمة أولى 96	اختبار صورة وكلمة 77
اختبار كلمة مختلفة 77	اختبار عام 6
اختبار كلمة مسموعة 81	اختبار علاقات جملية 157
اختبار كلمة منبورة 85	اختبار غير مقنن 7
اختبار كلمة واقتران 52	اختبار فجائي 7
اختبار كلمة وتعريف 51	اختبار فرز جمل مساندة 155
اختبار كلمة ومعان 52	اختبار فرز جملة رئيسية 155
اختبار كلمتين متطابقتين 78	اختبار فرز كلمة رئيسية 155
اختبار محاكاة 135	اختبار فهم 190
اختبار محاورة 108	اختبار فهم نص قصير 128
اختبار مدرسي 6	اختبار فونيمات 110
اختبار مزاوجة 37، 54، 188	اختبار قراءة 116
اختبار مزاوجة أشكال جمل 126	اختبار قراءة جهرية 105
اختبار مزاوجة أشكال كلمات 125	اختبار قواعد 124
اختبار مزاوجة جمل وصورة 127	اختبار كتاب أرقام 98
اختبار مزاوجة جملة وصورة 127	اختبار كتاب مغلق 8
اختبار مزاوجة محتوى 119	اختبار كتاب مفتوح 8
اختبار معلن 7	اختبار كتابة جملة رئيسية 158
اختبار مفردات 122	اختبار كتابة حروف 134
اختبار مقابلة حرة 108	اختبار كتابة مقاطع 135
اختبار مقابلة موجهة 109	اختبار كتابي شفهي 7
اختبار مقطع منبور 84	اختبار كتابي كتابي 7
اختبار مقنن أو معير 6	اختبار كشف الخطأ 29، 67، 154
اختبار ملء فراغ 28، 49، 62،	اختبار كلام سريع 100
118، 179، 186	اختبار كلمات وحقل 53
اختبار ملء فراغ معان 57	اختبار كلمة أخيرة 96

1. *A Dictionary of Islamic Terms : English-Arabic & Arabic-English*

2. *Simplified English Grammar*

3. *A Dictionary of Education : English-Arabic*

4. *A Dictionary of Theoretical Linguistics : English-Arabic*

5. *A Dictionary of Applied Linguistics : English-Arabic*

6. *Teaching English to Arab Students*

7. *A Workbook for English Teaching Practice*

8. *Programmed TEFL Methodology*

9. *The Teacher of English*

10 *Improve Your English*

11. *A Workbook for English*

12. *Advance Your English*

13. *An Introduction to Linguistics*

14. *Comparative Linguistics: English and Arabic*

15. *A Contrastive Transformational Grammar : English-Arabic*

16. *The Light of Islam*

17. *The Need for Islam*

18. *Traditions of Prophet Muhammad / B1*

19. *Traditions of Prophet Muhammad /B2*

20. *The Truth about Jesus Christ*

21. *Islam and Christianity*

22. *Questions and Answers about Islam*

23. *Learn Arabic by Yourself*

24. *The Blessing of Islam*

25. *Why have they chosen Islam*?

26. *The Crisis of Western Civilization*

27. *A Comparison Between the Four Gospels*

28. دليل الطالب في التربية العملية

29. الأصوات اللغوية

30. تعليم اللغة

31. الحياة مع لغتين

32. تعلم الإملاء بنفسك

33. المهارات الدراسية

34. أساليب تدريس اللغة العربية

35. دراسات لغوية

36. معجم علم الأصوات (عربي-عربي)

37. التراكيب الشائعة في اللغة العربية

38. قواعد تحويلية للغة العربية

39. مدخل إلى علم اللغة

40. كيف تكتب بحثاً

41. الاختبارات التحصيلية

41. حقيقة عيسى المسيح

42. مقارنة بين الأناجيل الأربعة

43. البريق الزائف للحضارة الغربية

44. التحريف في التوراة

45. اليهود من كتابهم

46. اليهود من كتابهم

47. الإسلام والنصرانية : دراسة مقارنة